L'AVARE

COMÉDIE

PAR

J. B. P. MOLIÈRE

———

ANN ARBOR
MCMVIII

Notice

L'Avare a été représenté pour la première fois à Paris, sur le Théâtre du Palais Royal, le 9 septembre 1668, par la Troupe du Roi. Quoiqu'on ne sache pas les noms des acteurs qui ont créé les rôles de *l'Avare,* il est certain que *Molière* lui-même excellait dans le premier rôle.

La première édition de cette comédie date de 1669. L'édition que nous offrons aujourd'hui est publiée à l'occasion de la représentation de *l'Avare* par le Cercle Dramatique Français de l'Université du Michigan, le 8 Mai, 1908. Elle est due aux soins du département des langues romanes de l'Université.

Le frontispice est d'après un portrait attribué à

Pierre Mignard, et représente *Molière* dans le
rôle de César de la *Mort de Pompée*. L'autre
gravure est tirée de l'édition des *Œuvres de
Molière* de 1682.

Personnages—Acteurs

HARPAGON, père de Cléante et
    d'Élise, et amoureux de Mariane   MM. A Béziat

CLÉANTE, fils d'Harpagon, amant
    de Mariane   E. Bowen

ÉLISE, fille d'Harpagon, amante de
    Valère   Mlle. H. B. Munn

VALÈRE, fils d'Anselme, et amant
    d'Élise   M. R. H. Monroe

MARIANE, amante de Cléante, et aimée
    d'Harpagon   Mlle E. Smoot

ANSELME, père de Valère et de
    Mariane   M. H. R. Carstens

FROSINE, femme d'intrigue   Mme. Hofmann

MAÎTRE SIMON, courtier   MM H I. Armstrong

MAÎTRE JACQUES, cuisinier et cocher
    d'Harpagon   S S More

LA FLÈCHE, valet de Cléante   Bert Lyon

DAME CLAUDE, servante d'Harpagon
                                    Mlle M. E. Lynch

BRINDAVOINE, } laquais   { MM. H. S. Cody
LA MERLUCHE } d'Harpagon   {   L. Weiler

Un Commissaire   J. Bowen

Son Clerc   W. R. Scott
                   ———

    La scène est à Paris, dans la maison d'Harpagon
                   ———

  Orchestre sous la direction de M. Henry W. Church

L'AVARE

ACTE PREMIER

SCÈNE PREMIÈRE

Valère, Élise

Valère. Hé quoi? charmante Élise, vous devenez mélancolique, après les obligeantes assurances que vous avez eu la bonté de me donner de votre foi? Je vous vois soupirer, hélas! au milieu de ma joie! Est-ce du regret, dites-moi, de m'avoir fait heureux, et vous repentez-vous de cet engagement où mes feux ont pu vous contraindre?

Élise. Non, Valère, je ne puis pas me repentir de tout ce que je fais pour vous. Je m'y sens entraîner par une trop douce puissance, et je n'ai pas même la force de souhaiter que les choses ne fussent pas. Mais, à vous dire vrai, le succès me donne de l'inquiétude; et je crains fort de vous aimer un peu plus que je ne devrois.

Valère Hé! que pouvez-vous craindre, Élise, dans les bontés que vous avez pour moi?

Élise Hélas! cent choses à la fois: l'emportement d'un père, les reproches d'une famille, les censures du monde, mais plus que tout, Valère, le changement de votre cœur, et cette froideur criminelle dont ceux de votre sexe payent le plus souvent les témoignages trop ardents d'une innocente amour.

Valère. Ah! ne me faites pas ce tort de juger de moi par les autres Soupçonnez-moi de tout, Élise, plutôt que de manquer à ce que je vous dois : je vous aime trop pour cela, et mon amour pour vous durera autant que ma vie.

Élise Ah! Valère, chacun tient les mêmes discours. Tous les hommes sont semblables par les paroles ; et ce n'est que les actions qui les découvrent différents.

Valère Puisque les seules actions font connoître ce que nous sommes, attendez donc au moins à juger de mon cœur par elles, et ne me cherchez point des crimes dans les injustes craintes d'une fâcheuse prévoyance Ne m'assassinez point, je vous prie, par les sensibles coups d'un soupçon outrageux, et donnez-moi le temps de vous convaincre, par mille et mille preuves, de l'honnêteté de mes feux.

Élise. Hélas ! qu'avec facilité on se laisse persuader par les personnes que l'on aime! Oui, Valère, je tiens votre cœur incapable de m'abuser. Je crois que vous m'aimez d'un véritable amour, et que vous me serez fidèle ; je n'en veux point du tout douter, et je retranche mon chagrin aux appréhensions du blâme qu'on pourra me donner

Valère. Mais pourquoi cette inquiétude?

Élise. Je n'aurois rien à craindre, si tout le monde vous voyoit des yeux dont je vous vois, et je trouve en votre personne de quoi avoir raison aux choses que je fais pour vous. Mon cœur, pour sa défense, a tout votre mérite, appuyé du secours d'une reconnoissance où le Ciel m'engage envers vous. Je me représente à toute heure ce péril étonnant qui commença de nous offrir aux regards l'un de l'autre; cette générosité surprenante qui vous fit risquer votre vie, pour dérober la mienne à la fureur des ondes; ces soins pleins de tendresse que vous me fîtes éclater après m'avoir tirée de l'eau, et les hommages assidus de cet ardent amour que ni le temps ni les difficultés n'ont rebuté, et qui, vous faisant négliger et parents et patrie, arrête vos pas en ces lieux, y tient en ma faveur votre fortune déguisée, et vous a réduit, pour me voir, à vous revêtir de l'emploi de domestique de mon père. Tout cela fait chez moi sans doute un merveilleux effet; et c'en est assez à mes yeux pour me justifier l'engagement où j'ai pu consentir; mais ce n'est pas assez peut-être pour le justifier aux autres, et je ne suis pas sûre qu'on entre dans mes sentiments.

Valère. De tout ce que vous avez dit, ce n'est que par mon seul amour que je prétends auprès de vous mériter quelque chose; et quant aux scrupules que vous avez, votre père lui-même ne prend que trop de soin de vous justifier à tout le monde ; et l'excès de son avarice, et la manière austère dont il vit avec ses enfants pourroient autoriser des choses plus étranges. Pardonnez-moi, charmante Élise, si j'en parle ainsi devant vous. Vous savez que sur ce chapitre on n'en peut pas dire de bien. Mais enfin, si je puis, comme je l'espère, retrouver mes parents, nous n'aurons pas beaucoup de peine à nous le rendre favorable. J'en attends des nouvelles avec impatience, et j'en irai chercher moi-même, si elles tardent à venir.

Élise. Ah ! Valère, ne bougez d'ici, je vous prie, et songez seulement à vous bien mettre dans l'esprit de mon père.

Valère. Vous voyez comme je m'y prends, et les adroites complaisances qu'il m'a fallu mettre en usage pour m'introduire à son service ; sous quel masque de sympathie et de rapports de sentiments je me déguise pour lui plaire, et quel personnage je joue tous les jours avec lui, afin d'acquérir sa tendresse. J'y fais des progrès admirables ; et j'éprouve que pour gagner les hommes, il n'est point de meilleure voie que de se parer à leurs yeux de leurs inclinations, que de donner dans leurs maximes, encenser leurs défauts, et applaudir à ce qu'ils font. On n'a que faire d'avoir peur de trop charger la complaisance ; et la manière dont on les joue a beau être visible, les plus fins toujours sont de grandes dupes du côté de la flatterie ; et il n'y a rien de si impertinent et de si ridicule qu'on ne fasse avaler, lorsqu'on l'assaisonne en louange. La sincérité souffre un peu au métier que je fais ; mais quand on a besoin des hommes, il faut bien s'ajuster à eux ; et puisqu'on ne sauroit les gagner que par là, ce n'est pas la faute de ceux qui flattent, mais de ceux qui veulent être flattés.

Élise. Mais que ne tâchez-vous aussi à gagner l'appui de mon frère, en cas que la servante s'avisât de révéler notre secret ?

Valère. On ne peut pas ménager l'un et l'autre ; et l'esprit du père et celui du fils sont des choses si opposées, qu'il est difficile d'accommoder ces deux confidences ensemble. Mais vous, de votre part, agissez auprès de votre frère, et servez-vous de l'amitié qui est entre vous deux pour le jeter dans nos intérêts. Il vient. Je me retire. Prenez ce temps pour lui parler ; et ne lui découvrez de notre affaire que ce que vous jugerez à propos.

Élise. Je ne sais si j'aurai la force de lui faire cette confidence.

SCÈNE II.

Cléante, Élise

Cléante. Je suis bien aise de vous trouver seule, ma sœur ; et je brûlois de vous parler, pour m'ouvrir à vous d'un secret.

Élise. Me voilà prête à vous ouïr, mon frère. Qu'avez-vous à me dire?

Cléante. Bien des choses, ma sœur, enveloppées dans un mot: j'aime.

Élise. Vous aimez?

Cléante. Oui, j'aime. Mais, avant que d'aller plus loin, je sais que je dépends d'un père, et que le nom de fils me soumet à ses volontés; que nous ne devons point engager notre foi sans le consentement de ceux dont nous tenons le jour; que le Ciel les a faits les maîtres de nos vœux, et qu'il nous est enjoint de n'en disposer que par leur conduite; que n'étant prévenus d'aucune folle ardeur, ils sont en état de se tromper bien moins que nous, et de voir beaucoup mieux ce qui nous est propre; qu'il en faut plutôt croire les lumières de leur prudence que l'aveuglement de notre passion; et que l'emportement de la jeunesse nous entraîne le plus souvent dans des précipices fâcheux. Je vous dis tout cela, ma sœur, afin que vous ne vous donniez pas la peine de me le dire; car enfin mon amour ne veut rien écouter, et je vous prie de ne me point faire de remontrances.

Élise. Vous êtes-vous engagé, mon frère, avec celle que vous aimez?

Cléante. Non, mais j'y suis résolu; et je vous

conjure encore une fois de ne me point apporter de raisons pour m'en dissuader.

Élise. Suis-je, mon frère, une si étrange personne ?

Cléante. Non, ma sœur; mais vous n'aimez pas : vous ignorez la douce violence qu'un tendre amour fait sur nos cœurs ; et j'appréhende votre sagesse.

Élise. Hélas ! mon frère, ne parlons point de ma sagesse. Il n'est personne qui n'en manque, du moins une fois en sa vie ; et, si je vous ouvre mon cœur, peut-être serai-je à vos yeux bien moins sage que vous.

Cléante. Ah ! plût au Ciel que votre âme, comme la mienne....

Élise Finissons auparavant votre affaire, et me dites qui est celle que vous aimez.

Cléante. Une jeune personne qui loge depuis peu en ces quartiers, et qui semble être faite pour donner de l'amour à tous ceux qui la voient. La nature, ma sœur, n'a rien formé de plus aimable, et je me sentis transporté dès le moment que je la vis. Elle se nomme Mariane, et vit sous la conduite d'une bonne femme de mère, qui est presque toujours malade, et pour qui cette aimable fille a des sentiments d'amitié qui ne sont pas imaginables. Elle la sert, la plaint, et la console, avec une tendresse qui vous toucheroit l'âme.

Elle se prend d'un air le plus charmant du monde aux choses qu'elle fait, et l'on voit briller mille grâces en toutes ses actions ; une douceur pleine d'attraits, une bonté toute engageante, une honnêteté adorable, une . . Ah! ma sœur, je voudrois que vous l'eussiez vue.

Élise J'en vois beaucoup, mon frère, dans les choses que vous me dites ; et pour comprendre ce qu'elle est, il me suffit que vous l'aimez.

Cléante. J'ai découvert sous main qu'elles ne sont pas fort accommodées, et que leur discrète conduite a de la peine à étendre à tous leurs besoins le bien qu'elles peuvent avoir. Figurez-vous, ma sœur, quelle joie ce peut être que de relever la fortune d'une personne que l'on aime ; que de donner adroitement quelques petits secours aux modestes nécessités d'une vertueuse famille, et concevez quel déplaisir ce m'est de voir que, par l'avarice d'un père, je sois dans l'impuissance de goûter cette joie, et de faire éclater à cette belle aucun témoignage de mon amour.

Élise. Oui, je conçois assez, mon frère, quel doit être votre chagrin

Cléante. Ah! ma sœur, il est plus grand qu'on ne peut croire. Car enfin peut-on rien voir de plus cruel que cette rigoureuse épargne qu'on exerce sur nous, que cette sécheresse étrange où l'on nous fait languir? Et que nous servira d'avoir du bien, s'il ne nous vient que dans le temps que nous ne serons plus dans le bel âge d'en jouir, et si pour m'entretenir même, il faut que maintenant je m'engage de tous côtés, si je suis réduit avec vous à chercher tous les jours le secours des marchands, pour avoir moyen de porter des habits raisonnables? Enfin, j'ai voulu vous parler, pour m'aider à sonder mon père sur les sentiments où je suis; et, si je l'y trouve contraire, j'ai résolu d'aller en d'autres lieux, avec cette aimable personne, jouir de la fortune que le Ciel voudra nous offrir. Je fais chercher partout pour ce dessein de l'argent à emprunter; et, si vos affaires, ma sœur, sont semblables aux miennes, et qu'il faille que notre père s'oppose à nos désirs, nous le quitterons là tous deux et nous affranchirons de cette tyrannie où nous tient depuis si longtemps son avarice insupportable.

Élise. Il est bien vrai que, tous les jours, il nous donne de plus en plus sujet de regretter la mort de notre mère, et que . . .

Cléante. J'entends sa voix. Éloignons-nous un peu pour nous achever notre confidence; et nous joindrons après nos forces pour venir attaquer la dureté de son humeur.

SCÈNE III

Harpagon, La Flèche

Harpagon. Hors d'ici tout à l'heure, et qu'on ne réplique pas. Allons, que l'on détale de chez moi, maître juré filou, vrai gibier de potence.

La Flèche. Je n'ai jamais rien vu de si méchant que ce maudit vieillard, et je pense, sauf correction, qu'il a le diable au corps.

Harpagon. Tu murmures entre tes dents

La Flèche. Pourquoi me chassez-vous?

Harpagon C'est bien à toi, pendard, à me demander des raisons! sors vite, que je ne t'assomme.

La Flèche. Qu'est-ce que je vous ai fait?

Harpagon. Tu m'as fait que je veux que tu sortes.

La Flèche. Mon maitre, votre fils, m'a donné ordre de l'attendre.

Harpagon. Va-t'en l'attendre dans la rue, et ne sois point dans ma maison planté tout droit comme un piquet, à observer ce qui se passe, et faire ton profit de tout. Je ne veux point avoir sans cesse devant moi un espion de mes affaires, un traitre, dont les yeux maudits assiègent toutes mes actions, dévorent ce que je possède, et furettent de tous côtés pour voir s'il n'y a rien à voler.

La Flèche. Comment diantre voulez-vous qu'on fasse pour vous voler? Êtes-vous un homme volable, quand vous renfermez toutes choses, et faites sentinelle jour et nuit?

Harpagon. Je veux renfermer ce que bon me semble, et faire sentinelle comme il me plaît. Ne voilà pas de mes mouchards, qui prennent garde à ce qu'on fait? Je tremble qu'il n'ait soupçonné quelque chose de mon argent Ne serois-tu point homme à aller faire courir le bruit que j'ai chez moi de l'argent caché?

La Flèche. Vous avez de l'argent caché?

Harpagon. Non, coquin, je ne dis pas cela. (*A part.*) J'enrage. Je demande si malicieusement tu n'irois point faire courir le bruit que j'en ai.

La Flèche. Hé! que nous importe que vous en ayez ou que vous n'en ayez pas, si c'est pour nous la même chose?

Harpagon. Tu fais le raisonneur. Je te baillerai de ce raisonnement-ci par les oreilles. (*Il lève la main pour lui donner un soufflet.*) Sors d'ici, encore une fois.

La Flèche. Hé bien! je sors.

Harpagon. Attends. Ne m'emportes-tu rien?

La Flèche. Que vous emporterois-je?

Harpagon. Viens çà, que je voie. Montre-moi tes mains.

La Flèche. Les voilà.

Harpagon. Les autres.

La Flèche. Les autres?

Harpagon. Oui.

La Flèche. Les voilà.

Harpagon. N'as-tu rien mis ici dedans?

La Flèche. Voyez vous-même.

Harpagon. (*Il tâte le bas de ses chausses.*) Ces grands hauts-de-chausses sont propres à devenir les recéleurs des choses qu'on dérobe; et je voudrois qu'on en eût fait pendre quelqu'un.

La Flèche. Ah! qu'un homme comme cela mériteroit bien ce qu'il craint! et que j'aurois de joie à le voler!

Harpagon. Euh?

La Flèche. Quoi?

Harpagon. Qu'est-ce que tu parles de voler?

La Flèche. Je dis que vous fouillez bien partout, pour voir si je vous ai volé.

Harpagon C'est ce que je veux faire.

(*Il fouille dans les poches de la Flèche.*)

La Flèche. La peste soit de l'avarice et des avaricieux!

Harpagon. Comment? que dis-tu?

La Flèche. Ce que je dis?

Harpagon. Oui. Qu'est-ce que tu dis d'avarice et d'avaricieux?

La Flèche. Je dis que la peste soit de l'avarice et des avaricieux.

Harpagon. De qui veux-tu parler?

La Flèche. Des avaricieux.

Harpagon. Et qui sont-ils ces avaricieux?

La Flèche. Des vilains et des ladres.

Harpagon. Mais qui est-ce que tu entends par là?

La Flèche. De quoi vous mettez-vous en peine?

Harpagon. Je me mets en peine de ce qu'il faut.

La Flèche. Est-ce que vous croyez que je veux parler de vous?

Harpagon. Je crois ce que je crois; mais je veux que tu me dises à qui tu parles quand tu dis cela.

La Flèche. Je parle . . . je parle à mon bonnet.

Harpagon. Et moi, je pourrois bien parler à ta barrette.

La Flèche. M'empêcherez-vous de maudire les avaricieux?

Harpagon. Non ; mais je t'empêcherai de jaser et d'être insolent. Tais-toi.

La Flèche. Je ne nomme personne.

Harpagon. Je te rosserai, si tu parles.

La Flèche. Qui se sent morveux, qu'il se mouche.

Harpagon. Te tairas-tu ?

La Flèche. Oui, malgré moi.

Harpagon. Ha, ha !

La Flèche, lui montrant une des poches de son justaucorps. Tenez, voilà encore une poche ; êtes-vous satisfait ?

Harpagon. Allons, rends-le-moi sans te fouiller.

La Flèche. Quoi ?

Harpagon Ce que tu m'as pris.

La Flèche. Je ne vous ai rien pris du tout.

Harpagon Assurément ?

La Flèche. Assurément.

Harpagon. Adieu : va-t'en à tous les diables.

La Flèche. Me voilà fort bien congédié.

Harpagon. Je te le mets sur ta conscience, au moins. Voilà un pendard de valet qui m'incommode fort, et je ne me plais point à voir ce chien de boiteux-là.

SCÈNE IV

ÉLISE, CLÉANTE, HARPAGON

Harpagon. Certes, ce n'est pas une petite peine que de garder chez soi une grande somme d'argent; et bienheureux qui a tout son fait bien placé, et ne conserve seulement que ce qu'il faut pour sa dépense. On n'est pas peu embarrassé à inventer dans toute une maison une cache fidèle; car pour moi, les coffres-forts me sont suspects, et je ne veux jamais m'y fier: je les tiens justement une franche amorce à voleurs, et c'est toujours la première chose que l'on va attaquer. Cependant je ne sais si j'aurai bien fait d'avoir enterré dans mon jardin dix mille écus qu'on me rendit hier. Dix mille écus en or chez soi est une somme assez . . .

(*Ici le frère et la sœur paroissent s'entretenants bas.*)

O Ciel! je me serai trahi moi-même: la chaleur m'aura emporté, et je crois que j'ai parlé haut en raisonnant tout seul. Qu'est-ce?

Cléante. Rien, mon père.

Harpagon. Y a-t-il longtemps que vous êtes là?

Élise. Nous ne venons que d'arriver.

Harpagon. Vous avez entendu . . .

Cléante. Quoi, mon père?

Harpagon. Là . . .

Élise. Quoi?

Harpagon. Ce que je viens de dire.

Cléante. Non.

Harpagon. Si fait, si fait.

Élise. Pardonnez-moi.

Harpagon. Je vois bien que vous en avez ouï quelques mots. C'est que je m'entretenois en moi-même de la peine qu'il y a aujourd'hui à trouver de l'argent, et je disois qu'il est bienheureux qui peut avoir dix mille écus chez soi.

Cléante. Nous feignions à vous aborder, de peur de vous interrompre.

Harpagon. Je suis bien aise de vous dire cela, afin que vous n'alliez pas prendre les choses de travers et vous imaginer que je dise que c'est moi qui ai dix mille écus.

Cléante. Nous n'entrons point dans vos affaires.

Harpagon. Plût à Dieu que je les eusse, dix mille écus!

Cléante. Je ne crois pas . . .

Harpagon. Ce seroit une bonne affaire pour moi.

Élise. Ce sont des choses . . .

Harpagon. J'en aurois bon besoin.

Cléante. Je pense que . . .

Harpagon. Cela m'accommoderoit fort

Élise. Vous êtes . . .

Harpagon. Et je ne me plaindrois pas, comme je fais, que le temps est misérable.

Cléante. Mon Dieu! mon père, vous n'avez pas lieu de vous plaindre, et l'on sait que vous avez assez de bien.

Harpagon. Comment? j'ai assez de bien! Ceux qui le disent en ont menti. Il n'y a rien de plus faux; et ce sont des coquins qui font courir tous ces bruits-là.

Élise. Ne vous mettez point en colère.

Harpagon. Cela est étrange que mes propres enfants me trahissent et deviennent mes ennemis!

Cléante. Est-ce être votre ennemi, que de dire que vous avez du bien?

Harpagon. Oui: de pareils discours et les dépenses que vous faites seront cause qu'un de ces jours on me viendra chez moi couper la gorge, dans la pensée que je suis tout cousu de pistoles.

Cléante. Quelle grande dépense est-ce que je fais?

Harpagon. Quelle? Est-il rien de plus scandaleux que ce somptueux équipage que vous promenez par la ville ? Je querellois hier votre sœur ; mais c'est encore pis. Voilà qui crie vengeance au Ciel ; et, à vous prendre depuis les pieds jusqu'à la tête, il y auroit là de quoi faire une bonne constitution. Je vous l'ai dit vingt fois, mon fils, toutes vos manières me déplaisent fort : vous donnez furieusement dans le marquis ; et, pour aller ainsi vêtu, il faut bien que vous me dérobiez.

Cléante. Hé ! comment vous dérober ?

Harpagon Que sais-je ? Où pouvez-vous donc prendre de quoi entretenir l'état que vous portez ?

Cléante. Moi, mon père ? C'est que je joue ; et comme je suis fort heureux, je mets sur moi tout l'argent que je gagne.

Harpagon. C'est fort mal fait. Si vous êtes heureux au jeu, vous en devriez profiter, et mettre à honnête intérêt l'argent que vous gagnez, afin de le trouver un jour. Je voudrois bien savoir, sans parler du reste, à quoi servent tous ces rubans dont vous voilà lardé depuis les pieds jusqu'à la tête, et si une demi-douzaine d'aiguillettes ne suffit pas pour attacher un haut-de-chausses ? Il est bien nécessaire d'employer de l'argent à des perruques, lorsque l'on peut porter des cheveux de son cru, qui ne coûtent rien. Je vais gager qu'en perruques et rubans, il y a du moins vingt pistoles; et vingt pistoles rapportent par année dix-huit livres six sols huit deniers, à ne les placer qu'au denier douze.

Cléante. Vous avez raison.

Harpagon. Laissons cela, et parlons d'autre affaire. Euh? Je crois qu'ils se font signe l'un à l'autre de me voler ma bourse. Que veulent dire ces gestes-là?

Élise. Nous marchandons, mon frère et moi, à qui parlera le premier, et nous avons tous deux quelque chose à vous dire.

Harpagon. Et moi, j'ai quelque chose aussi à vous dire à tous deux.

Cléante. C'est de mariage, mon père, que nous désirons vous parler.

Harpagon. Et c'est de mariage aussi que je veux vous entretenir.

Élise. Ah! mon père.

Harpagon. Pourquoi ce cri? Est-ce le mot, ma fille, ou la chose, qui vous fait peur?

Cléante. Le mariage peut nous faire peur à tous deux, de la façon que vous pouvez l'entendre; et nous craignons que nos sentiments ne soient pas d'accord avec votre choix.

Harpagon. Un peu de patience. Ne vous alarmez point. Je sais ce qu'il faut à tous deux;

et vous n'aurez ni l'un ni l'autre aucun lieu de vous plaindre de tout ce que je prétends faire. Et pour commencer par un bout : avez-vous vu, dites-moi, une jeune personne appelée Mariane, qui ne loge pas loin d'ici?

Cléante. Oui, mon père.

Harpagon. Et vous?

Élise. J'en ai ouï parler.

Harpagon. Comment, mon fils, trouvez-vous cette fille?

Cléante. Une fort charmante personne.

Harpagon. Sa physionomie?

Cléante. Toute honnête et pleine d'esprit.

Harpagon. Son air et sa manière?

Cléante. Admirables, sans doute.

Harpagon. Ne croyez-vous pas qu'une fille comme cela mériteroit assez que l'on songeât à elle?

Cléante. Oui, mon père.

Harpagon. Que ce seroit un parti souhaitable?

Cléante. Très-souhaitable.

Harpagon. Qu'elle a toute la mine de faire un bon ménage?

Cléante. Sans doute.

Harpagon. Et qu'un mari auroit satisfaction avec elle?

Cléante. Assurément

Harpagon. Il y a une petite difficulté: c'est que j'ai peur qu'il n'y ait pas avec elle tout le bien qu'on pourroit prétendre

Cléante. Ah! mon père, le bien n'est pas considérable, lorsqu'il est question d'épouser une honnête personne.

Harpagon. Pardonnez-moi, pardonnez-moi. Mais ce qu'il y a à dire, c'est que, si l'on n'y trouve pas tout le bien qu'on souhaite, on peut tâcher de regagner cela sur autre chose.

Cléante. Cela s'entend.

Harpagon. Enfin, je suis bien aise de vous voir dans mes sentiments; car son maintien honnête et sa douceur m'ont gagné l'âme, et je suis résolu de l'épouser, pourvu que j'y trouve quelque bien.

Cléante. Euh?

Harpagon. Comment?

Cléante. Vous êtes résolu, dites-vous . . . ?

Harpagon. D'épouser Mariane.

Cléante Qui, vous? vous?

Harpagon Oui, moi, moi, moi. Que veut dire cela?

Cléante. Il m'a pris tout à coup un éblouissement, et je me retire d'ici.

Harpagon. Cela ne sera rien. Allez vite boire dans la cuisine un grand verre d'eau claire. Voilà de mes damoiseaux flouets qui n'ont non plus de vigueur que des poules. C'est là, ma fille, ce que j'ai résolu pour moi. Quant à ton frère, je lui destine une certaine veuve dont ce matin on m'est venu parler; et pour toi, je te donne au Seigneur Anselme.

Élise. Au Seigneur Anselme?

Harpagon. Oui, un homme mûr, prudent et sage, qui n'a pas plus de cinquante ans, et dont on vante les grands biens.

Élise. Elle fait une révérence. Je ne veux point me marier, mon père, s'il vous plaît.

Harpagon. Il contrefait sa révérence. Et moi, ma petite fille, ma mie, je veux que vous vous mariiez, s'il vous plaît.

Élise. Je vous demande pardon, mon père.

Harpagon. Je vous demande pardon, ma fille.

Élise. Je suis très-humble servante au Seigneur Anselme : mais, avec votre permission, je ne l'épouserai point.

Harpagon. Je suis votre très-humble valet; mais, avec votre permission, vous l'épouserez dès ce soir.

Élise. Dès ce soir?

Harpagon. Dès ce soir.

Élise. Cela ne sera pas, mon père.

Harpagon. Cela sera, ma fille.

Élise. Non.

Harpagon. Si.

Élise. Non, vous dis-je.

Harpagon. Si, vous dis-je.

Élise. C'est une chose où vous ne me réduirez point.

Harpagon. C'est une chose où je te réduirai.

Élise. Je me tuerai plutôt que d'épouser un tel mari.

Harpagon. Tu ne te tueras point, et tu l'épouseras. Mais voyez quelle audace! A-t-on jamais vu une fille parler de la sorte à son père?

Élise. Mais a-t-on jamais vu un père marier sa fille de la sorte?

Harpagon. C'est un parti où il n'y a rien à redire; et je gage que tout le monde approuvera mon choix.

Élise. Et moi, je gage qu'il ne sauroit être approuvé d'aucune personne raisonnable.

Harpagon. Voilà Valère. Veux-tu qu'entre nous deux nous le fassions juge de cette affaire?

Élise. J'y consens.

Harpagon. Te rendras-tu à son jugement?

Élise. Oui; j'en passerai par ce qu'il dira.

Harpagon. Voilà qui est fait.

SCÈNE V

Valère, Harpagon, Élise

Harpagon. Ici, Valère. Nous t'avons élu pour nous dire qui a raison, de ma fille ou de moi.

Valère. C'est vous, Monsieur, sans contredit.

Harpagon. Sais-tu bien de quoi nous parlons?

Valère. Non; mais vous ne sauriez avoir tort, et vous êtes toute raison.

Harpagon. Je veux ce soir lui donner pour époux un homme aussi riche que sage; et la coquine me dit au nez qu'elle se moque de le prendre. Que dis-tu de cela?

Valère. Ce que j'en dis?

Harpagon. Oui.

Valère. Eh, eh.

Harpagon. Quoi?

Valère. Je dis que dans le fond je suis de votre sentiment; et vous ne pouvez pas que vous n'ayez raison. Mais aussi n'a-t-elle pas tort tout à fait, et . . .

Harpagon. Comment? le Seigneur Anselme est un parti considérable ; c'est un gentilhomme qui est noble, doux, posé, sage, et fort accommodé, et auquel il ne reste aucun enfant de son premier mariage. Sauroit-elle mieux rencontrer?

Valère. Cela est vrai. Mais elle pourroit vous dire que c'est un peu précipiter les choses, et qu'il faudroit au moins quelque temps pour voir si son inclination pourra s'accommoder avec . . .

Harpagon. C'est une occasion qu'il faut prendre vite aux cheveux. Je trouve ici un avantage qu'ailleurs je ne trouverois pas, et il s'engage à la prendre sans dot.

Valère. Sans dot?

Harpagon. Oui.

Valère. Ah! je ne dis plus rien. Voyez-vous? voilà une raison tout à fait convaincante ; il se faut rendre à cela.

Harpagon. C'est pour moi une épargne considérable.

Valère. Assurément, cela ne reçoit point de contradiction. Il est vrai que votre fille vous peut représenter que le mariage est une plus grande affaire qu'on ne peut croire ; qu'il y va d'être heureux ou malheureux toute sa vie; et qu'un engagement qui doit durer jusqu'à la mort ne se doit jamais faire qu'avec de grandes précautions.

Harpagon. Sans dot.

Valère. Vous avez raison: voilà qui décide tout, cela s'entend. Il y a des gens qui pourroient vous dire qu'en de telles occasions l'inclination d'une fille est une chose sans doute où l'on doit avoir de l'égard; et que cette grande inégalité d'âge, d'humeur et de sentiments, rend un mariage sujet à des accidents très-fâcheux.

Harpagon. Sans dot.

Valère. Ah! il n'y a pas de réplique à cela; on le sait bien; qui diantre peut aller là contre? Ce n'est pas qu'il n'y ait quantité de pères qui aimeroient mieux ménager la satisfaction de leurs filles que l'argent qu'ils pourroient donner; qui ne les voudroient point sacrifier à l'intérêt, et chercheroient plus que toute autre chose à mettre dans un mariage cette douce conformité qui sans cesse y maintient l'honneur, la tranquillité et la joie, et que . . .

Harpagon. Sans dot.

Valère. Il est vrai; cela ferme la bouche à tout, *sans dot*. Le moyen de résister à une raison comme celle-là?

Harpagon. Il regarde vers le jardin. Ouais!

il me semble que j'entends un chien qui aboie. N'est-ce point qu'on en voudroit à mon argent? Ne bougez, je reviens tout à l'heure.

Élise. Vous moquez-vous, Valère, de lui parler comme vous faites?

Valère. C'est pour ne point l'aigrir, et pour en venir mieux à bout. Heurter de front ses sentiments est le moyen de tout gâter; et il y a de certains esprits qu'il ne faut prendre qu'en biaisant, des tempéraments ennemis de toute résistance, des naturels rétifs, que la vérité fait cabrer, qui toujours se roidissent contre le droit chemin de la raison, et qu'on ne mène qu'en tournant où l'on veut les conduire. Faites semblant de consentir à ce qu'il veut, vous en viendrez mieux à vos fins, et . . .

Élise. Mais ce mariage, Valère?

Valère. On cherchera des biais pour le rompre.

Élise. Mais quelle invention trouver, s'il se doit conclure ce soir?

Valère. Il faut demander un délai, et feindre quelque maladie.

Élise. Mais on découvrira la feinte, si l'on appelle des médecins.

Valère. Vous moquez-vous? Y connoissent-ils quelque chose? Allez, allez, vous pourrez avec eux avoir quel mal il vous plaira, ils vous trouveront des raisons pour vous dire d'où cela vient.

Harpagon. Ce n'est rien, Dieu merci.

Valère. Enfin notre dernier recours, c'est que la fuite nous peut mettre à couvert de tout; et si votre amour, belle Élise, est capable d'une fermeté . . (*Il aperçoit Harpagon.*) Oui, il faut qu'une fille obéisse à son père. Il ne faut point qu'elle regarde comme un mari est fait; et lorsque la grande raison de *sans dot* s'y rencontre, elle doit être prête à prendre tout ce qu'on lui donne.

Harpagon. Bon. Voilà bien parlé, cela.

Valère. Monsieur, je vous demande pardon si je m'emporte un peu, et prends la hardiesse de lui parler comme je fais.

Harpagon. Comment? j'en suis ravi, et je veux que tu prennes sur elle un pouvoir absolu. Oui, tu as beau fuir. Je lui donne l'autorité que le Ciel me donne sur toi, et j'entends que tu fasses tout ce qu'il te dira.

Valère. Après cela, résistez à mes remontrances. Monsieur, je vais la suivre, pour lui continuer les leçons que je lui faisois.

Harpagon. Oui, tu m'obligeras. Certes . . .

Valère. Il est bon de lui tenir un peu la bride haute.

Harpagon. Cela est vrai. Il faut . . .

Valère. Ne vous mettez pas en peine. Je crois que j'en viendrai à bout.

Harpagon. Fais, fais. Je m'en vais faire un petit tour en ville, et reviens tout à l'heure.

Valère. Oui, l'argent est plus précieux que toutes les choses du monde, et vous devez rendre grâces au Ciel de l'honnête homme de père qu'il vous a donné. Il sait ce que c'est que de vivre. Lorsqu'on s'offre de prendre une fille sans dot, on ne doit point regarder plus avant. Tout est renfermé là dedans, et *sans dot* tient lieu de beauté, de jeunesse, de naissance, d'honneur, de sagesse et de probité.

Harpagon. Ah! le brave garçon! Voilà parlé comme un oracle. Heureux qui peut avoir un domestique de la sorte!

ACTE SECOND

SCÈNE PREMIÈRE

Cléante, La Flèche

Cléante. Ah! traître que tu es, où t'es-tu donc allé fourrer? Ne t'avois-je pas donné ordre . . .

La Flèche. Oui, Monsieur, et je m'étois rendu ici pour vous attendre de pied ferme; mais

Monsieur votre père, le plus malgracieux des hommes, m'a chassé dehors malgré moi, et j'ai couru risque d'être battu.

Cléante. Comment va notre affaire? Les choses pressent plus que jamais; et depuis que je ne t'ai vu, j'ai découvert que mon père est mon rival.

La Flèche. Votre père amoureux?

Cléante. Oui; et j'ai eu toutes les peines du monde à lui cacher le trouble où cette nouvelle m'a mis.

La Flèche. Lui se mêler d'aimer! De quoi diable s'avise-t-il? Se moque-t-il du monde? Et l'amour a-t-il été fait pour des gens bâtis comme lui?

Cléante. Il a fallu, pour mes péchés, que cette passion lui soit venue en tête.

La Flèche. Mais par quelle raison lui faire un mystère de votre amour?

Cléante. Pour lui donner moins de soupçon, et me conserver au besoin des ouvertures plus aisées pour détourner ce mariage. Quelle réponse t'a-t-on faite?

La Flèche. Ma foi! Monsieur, ceux qui empruntent sont bien malheureux; et il faut essuyer d'étranges choses, lorsqu'on en est réduit à passer, comme vous, par les mains des fesse-mathieux.

Cléante. L'affaire ne se fera point?

La Flèche. Pardonnez-moi. Notre maître Simon, le courtier qu'on nous a donné, homme agissant et plein de zèle, dit qu'il a fait rage pour vous; et il assure que votre seule physionomie lui a gagné le cœur.

Cléante. J'aurai les quinze mille francs que je demande?

La Flèche. Oui; mais à quelques petites conditions, qu'il faudra que vous acceptiez, si vous avez dessein que les choses se fassent.

Cléante. T'a-t-il fait parler à celui qui doit prêter l'argent?

La Flèche. Ah! vraiment, cela ne va pas de la sorte. Il apporte encore plus de soin à se cacher que vous, et ce sont des mystères bien plus grands que vous ne pensez. On ne veut point du tout dire son nom, et l'on doit aujourd'hui l'aboucher avec vous, dans une maison empruntée, pour être instruit, par votre bouche, de votre bien et de votre famille; et ne doute point que le seul nom de votre père ne rende les choses faciles.

Cléante. Et principalement notre mère étant morte, dont on ne peut m'ôter le bien.

La Flèche. Voici quelques articles qu'il a dictés lui-même à notre entremetteur, pour vous être montrés, avant que de rien faire:

Supposé que le prêteur voie toutes ses sûretés, et que l'emprunteur soit majeur, et d'une famille où le bien soit ample, solide, assuré, clair, et net de tout embarras, on fera une bonne et exacte obligation par-devant un notaire, le plus honnête homme qu'il se pourra, et qui, pour cet effet, sera choisi par le prêteur, auquel il importe le plus que l'acte soit dûment dressé.

Cléante Il n'y a rien à dire à cela.

La Flèche. Le prêteur, pour ne charger sa conscience d'aucun scrupule, prétend ne donner son argent qu'au denier dix-huit.

Cléante. Au denier dix-huit? Parbleu! voilà qui est honnête. Il n'y a pas lieu de se plaindre.

La Flèche. Cela est vrai.

Mais comme ledit prêteur n'a pas chez lui la somme dont il est question, et que, pour faire plaisir à l'emprunteur, il est contraint lui-même de l'emprunter d'un autre, sur le pied du denier cinq, il conviendra que ledit premier emprunteur paye cet intérêt, sans préjudice du reste, attendu que ce n'est que pour l'obliger que ledit prêteur s'engage à cet emprunt.

Cléante Comment diable! quel Juif, quel Arabe est-ce là? C'est plus qu'au denier quatre.

La Flèche. Il est vrai; c'est ce que j'ai dit. Vous avez à voir là-dessus

Cléante. Que veux-tu que je voie? J'ai besoin d'argent, et il faut bien que je consente à tout.

La Flèche. C'est la réponse que j'ai faite.

Cléante. Il y a encore quelque chose?

La Flèche. Ce n'est plus qu'un petit article.

Des quinze mille francs qu'on demande, le prêteur ne pourra compter en argent que douze mille livres, et pour les mille écus restants, il faudra que l'emprunteur prenne les hardes, nippes et bijoux dont s'ensuit le mémoire, et que ledit prêteur a mis, de bonne foi, au plus modique prix qu'il lui a été possible.

Cléante. Que veut dire cela?

La Flèche. Écoutez le mémoire :

Premièrement, un lit de quatre pieds, à bandes de points de Hongrie, appliquées fort proprement sur un drap de couleur d'olive, avec six chaises et la courtepointe de même; le tout bien conditionné, et doublé d'un petit taffetas changeant rouge et bleu.

Plus, un pavillon à queue, d'une bonne serge d'Aumale rose-sèche, avec le mollet et les franges de soie.

Cléante. Que veut-il que je fasse de cela?

La Flèche. Attendez.

Plus, une tenture de tapisserie des amours de Gombaut et de Macée.

Plus, une grande table de bois de noyer, à

douze colonnes ou piliers tournés, qui se tire par les deux bouts, et garnie par le dessous de ses six escabelles.

Cléante. Qu'ai-je affaire, morbleu . . . ?

La Flèche. Donnez-vous patience.

Plus, trois gros mousquets tout garnis de nacre de perles, avec les trois fourchettes assortissantes.

Plus, un fourneau de brique, avec deux cornues et trois récipients, fort utiles à ceux qui sont curieux de distiller.

Cléante. J'enrage.

La Flèche. Doucement.

Plus, un luth de Bologne, garni de toutes ses cordes, ou peu s'en faut.

Plus, un trou-madame, et un damier, avec un jeu de l'oie renouvelé des Grecs, fort propres à passer le temps lorsque l'on n'a que faire.

Plus, une peau d'un lézard, de trois pieds et demi, remplie de foin, curiosité agréable pour pendre au plancher d'une chambre.

Le tout, ci-dessus mentionné, valant loyalement plus de quatre mille cinq cents livres, et rabaissé à la valeur de mille écus, par la discrétion du prêteur.

Cléante. Que la peste l'étouffe avec sa discrétion, le traître, le bourreau qu'il est! A-t-on jamais parlé d'une usure semblable? Et n'est-il pas content du furieux intérêt qu'il exige, sans vouloir encore m'obliger à prendre, pour trois mille livres, les vieux rogatons qu'il ramasse? Je n'aurai pas deux cents écus de tout cela; et cependant il faut bien me résoudre à consentir à ce qu'il veut; car il est en état de me faire tout accepter, et il me tient, le scélérat, le poignard sur la gorge.

La Flèche. Je vous vois, Monsieur, ne vous en déplaise, dans le grand chemin justement que tenoit Panurge pour se ruiner, prenant argent d'avance, achetant cher, vendant à bon marché, et mangeant son blé en herbe.

Cléante. Que veux-tu que j'y fasse? Voilà où les jeunes gens sont réduits par la maudite avarice des pères; et on s'étonne après cela que les fils souhaitent qu'ils meurent.

La Flèche. Il faut avouer que le vôtre animeroit contre sa vilenie le plus posé homme du monde. Je n'ai pas, Dieu merci, les inclinations fort patibulaires, et parmi mes confrères que je vois se mêler de beaucoup de petits commerces, je sais tirer adroitement mon épingle du jeu, et me démêler prudemment de toutes les galanteries qui sentent tant soit peu l'échelle; mais, à vous dire vrai, il me donneroit, par ses procédés, des tentations de le voler; et je croirois, en le volant, faire une action méritoire.

Cléante. Donne-moi un peu ce mémoire, que je le voie encore.

SCÈNE II

Maître Simon, Harpagon, Cléante, La Flèche

Maître Simon. Oui, Monsieur, c'est un jeune homme qui a besoin d'argent. Ses affaires le pressent d'en trouver, et il en passera par tout ce que vous en prescrirez.

Harpagon. Mais croyez-vous, maître Simon, qu'il n'y ait rien à péricliter? et savez-vous le nom, les biens et la famille de celui pour qui vous parlez?

Maître Simon. Non, je ne puis pas bien vous en instruire à fond, et ce n'est que par aventure que l'on m'a adressé à lui; mais vous serez de toutes choses éclairci par lui-même; et son homme m'a assuré que vous serez content, quand vous le connoîtrez. Tout ce que je saurois vous dire, c'est que sa famille est fort riche, qu'il n'a plus de mère déjà, et qu'il s'obligera, si vous voulez, que son père mourra avant qu'il soit huit mois.

Harpagon. C'est quelque chose que cela. La charité, maître Simon, nous oblige à faire plaisir aux personnes, lorsque nous le pouvons.

Maître Simon. Cela s'entend.

La Flèche. Que veut dire ceci? Notre maitre Simon qui parle à votre père.

Cléante. Lui auroit-on appris qui je suis ? et serois-tu pour nous trahir ?

Maître Simon. Ah ! ah ! vous êtes bien pressés ! Qui vous a dit que c'étoit céans ? Ce n'est pas moi, Monsieur, au moins, qui leur ai découvert votre nom et votre logis ; mais, à mon avis, il n'y a pas grand mal à cela. Ce sont des personnes discrètes, et vous pouvez ici vous expliquer ensemble.

Harpagon. Comment ?

Maître Simon. Monsieur est la personne qui veut vous emprunter les quinze mille livres dont je vous ai parlé.

Harpagon. Comment, pendard ? c'est toi qui t'abandonnes à ces coupables extrémités ?

Cléante. Comment, mon père ? c'est vous qui vous portez à ces honteuses actions ?

Harpagon. C'est toi qui te veux ruiner par des emprunts si condamnables ?

Cléante. C'est vous qui cherchez à vous enrichir par des usures si criminelles ?

Harpagon. Oses-tu bien, après cela, paroître devant moi ?

Cléante. Osez-vous bien, après cela, vous présenter aux yeux du monde ?

Harpagon. N'as-tu point de honte, dis-moi, d'en venir à ces débauches-là ? de te précipiter dans des dépenses effroyables? et de faire une honteuse dissipation du bien que tes parents t'ont amassé avec tant de sueurs?

Cléante. Ne rougissez-vous point de déshonorer votre condition par les commerces que vous faites? de sacrifier gloire et réputation au désir insatiable d'entasser écu sur écu, et de renchérir, en fait d'intérêts, sur les plus infâmes subtilités qu'aient jamais inventées les plus célèbres usuriers?

Harpagon. Ote-toi de mes yeux, coquin! ôte-toi de mes yeux.

Cléante. Qui est plus criminel, à votre avis, ou celui qui achète un argent dont il a besoin, ou bien celui qui vole un argent dont il n'a que faire?

Harpagon. Retire-toi, te dis-je, et ne m'échauffe pas les oreilles. Je ne suis pas fâché de cette aventure; et ce m'est un avis de tenir l'œil, plus que jamais, sur toutes ses actions.

SCÈNE III

Frosine, Harpagon

Frosine. Monsieur. . . .

Harpagon. Attendez un moment; je vais revenir vous parler. Il est à propos que je fasse un petit tour à mon argent.

SCÈNE IV

La Flèche, Frosine

La Flèche. L'aventure est tout à fait drôle. Il faut bien qu'il ait quelque part un ample magasin de hardes ; car nous n'avons rien reconnu au mémoire que nous avons.

Frosine. Hé ! c'est toi, mon pauvre la Flèche ! D'où vient cette rencontre ?

La Flèche. Ah ! ah ! c'est toi, Frosine. Que viens-tu faire ici ?

Frosine. Ce que je fais partout ailleurs : m'entremettre d'affaires, me rendre serviable aux gens, et profiter du mieux qu'il m'est possible des petits talents que je puis avoir. Tu sais que dans ce monde il faut vivre d'adresse, et qu'aux personnes comme moi le Ciel n'a donné d'autres rentes que l'intrigue et que l'industrie.

La Flèche. As-tu quelque négoce avec le patron du logis ?

Frosine. Oui, je traite pour lui quelque petite affaire, dont j'espère une récompense.

La Flèche. De lui ? Ah, ma foi ! tu seras bien si tu en tires quelque chose ; et je te donne avis que l'argent céans est fort cher.

Frosine. Il y a de certains services qui touchent merveilleusement.

La Flèche. Je suis votre valet, et tu ne connois pas encore le Seigneur Harpagon. Le Seigneur Harpagon est de tous les humains l'humain le moins humain, le mortel de tous les mortels le plus dur et le plus serré. Il n'est point de service qui pousse sa reconnoissance jusqu'à lui faire ouvrir les mains. De la louange, de l'estime, de la bienveillance en paroles, et de l'amitié tant qu'il vous plaira; mais de l'argent, point d'affaires. Il n'est rien de plus sec et de plus aride que ses bonnes grâces et ses caresses; et *donner* est un mot pour qui il a tant d'aversion, qu'il ne dit jamais: *Je vous donne,* mais: *Je vous prête le bonjour.*

Frosine. Mon Dieu! je sais l'art de traire les hommes; j'ai le secret de m'ouvrir leur tendresse, de chatouiller leurs cœurs, de trouver les endroits par où ils sont sensibles.

La Flèche. Bagatelles ici. Je te défie d'attendrir, du côté de l'argent, l'homme dont il est question. Il est Turc là-dessus, mais d'une turquerie à désespérer tout le monde; et l'on pourroit crever, qu'il n'en branleroit pas. En un mot, il aime l'argent plus que réputation, qu'honneur et que vertu; et la vue d'un demandeur lui donne des convulsions. C'est le frapper par son endroit mortel, c'est lui percer le cœur, c'est lui arracher les entrailles; et si . . . Mais il revient; je me retire.

SCÈNE V

Harpagon, Frosine

Harpagon. Tout va comme il faut. Hé bien! qu'est-ce, Frosine?

Frosine. Ah, mon Dieu! que vous vous portez bien! et que vous avez là un vrai visage de santé!

Harpagon. Qui, moi?

Frosine. Jamais je ne vous vis un teint si frais et si gaillard.

Harpagon. Tout de bon?

Frosine. Comment? vous n'avez de votre vie été si jeune que vous êtes; et je vois des gens de vingt-cinq ans qui sont plus vieux que vous.

Harpagon. Cependant, Frosine, j'en ai soixante bien comptés.

Frosine. Hé bien! qu'est-ce que cela, soixante ans? Voilà bien de quoi! C'est la fleur de l'âge cela, et vous entrez maintenant dans la belle saison de l'homme.

Harpagon. Il est vrai; mais vingt années de moins pourtant ne me feroient point de mal, que je crois.

Frosine. Vous moquez-vous? Vous n'avez pas besoin de cela, et vous êtes d'une pâte à vivre jusques à cent ans.

Harpagon. Tu le crois?

Frosine. Assurément. Vous en avez toutes les marques. Tenez-vous un peu. Oh! que voilà bien là, entre vos deux yeux, un signe de longue vie!

Harpagon. Tu te connois à cela?

Frosine. Sans doute. Montrez-moi votre main. Ah, mon Dieu! quelle ligne de vie!

Harpagon. Comment?

Frosine. Ne voyez-vous pas jusqu'où va cette ligne-là?

Harpagon. Hé bien! qu'est-ce que cela veut dire?

Frosine. Par ma foi! je disois cent ans; mais vous passerez les six-vingts.

Harpagon. Est-il possible?

Frosine. Il faudra vous assommer, vous dis-je; et vous mettrez en terre et vos enfants, et les enfants de vos enfants.

Harpagon. Tant mieux. Comment va notre affaire?

Frosine. Faut-il le demander? et me voit-on mêler de rien dont je ne vienne à bout? J'ai surtout pour les mariages un talent merveilleux; il n'est point de partis au monde que je ne trouve en peu de temps le moyen d'accoupler; et je crois, si je me l'étois mis en tête, que je marierois le Grand Turc avec la République de Venise. Il n'y avoit pas sans doute de si grandes difficultés à cette affaire-ci. Comme j'ai commerce chez elles, je les ai à fond l'une et l'autre entretenues de vous, et j'ai dit à la mère le dessein que vous aviez conçu pour Mariane, à la voir passer dans la rue, et prendre l'air à sa fenêtre.

Harpagon. Qui a fait réponse . . .

Frosine. Elle a reçu la proposition avec joie; et quand je lui ai témoigné que vous souhaitiez fort que sa fille assistât ce soir au contrat de mariage qui se doit faire de la vôtre, elle y a consenti sans peine, et me l'a confiée pour cela.

Harpagon. C'est que je suis obligé, Frosine, de donner à souper au Seigneur Anselme, et je serai bien aise qu'elle soit du régale

Frosine. Vous avez raison. Elle doit après dîné rendre visite à votre fille, d'où elle fait son compte d'aller faire un tour à la foire, pour venir ensuite au soupé.

Harpagon. Hé bien! elles iront ensemble dans mon carrosse, que je leur prêterai.

Frosine. Voilà justement son affaire.

Harpagon. Mais, Frosine, as-tu entretenu la mère touchant le bien qu'elle peut donner à sa fille? Lui as-tu dit qu'il falloit qu'elle s'aidât un peu, qu'elle fît quelque effort, qu'elle se saignât pour une occasion comme celle-ci? Car encore n'épouse-t-on point une fille, sans qu'elle apporte quelque chose.

Frosine. Comment? c'est une fille qui vous apportera douze mille livres de rente.

Harpagon. Douze milles livres de rente!

Frosine. Oui. Premièrement, elle est nourrie et élevée dans une grande épargne de bouche; c'est une fille accoutumée à vivre de salade, de lait, de fromage et de pommes, et à laquelle par conséquent il ne faudra ni table bien servie, ni consommés exquis, ni orges mondés perpétuels, ni les autres délicatesses qu'il faudroit pour une autre femme; et cela ne va pas à si peu de chose, qu'il ne monte bien, tous les ans, à trois mille francs pour le moins. Outre cela, elle n'est curieuse que d'une propreté fort simple, et n'aime point les superbes habits, ni les riches bijoux, ni les meubles somptueux, où donnent ses pareilles avec tant de chaleur; et cet article-là vaut plus de quatre mille livres par an. De plus, elle a une aversion horrible pour le jeu, ce qui n'est pas commun aux femmes d'aujourd'hui; et j'en sais une de nos quartiers qui a perdu, à trente-et-quarante, vingt mille francs cette année. Mais n'en prenons rien que le quart. Cinq mille francs au jeu par an, et quatre mille francs en habits et bijoux, cela fait neuf mille livres; et mille écus que nous mettons pour la nourriture, ne voilà-t-il pas par année vos douze mille francs bien comptés?

Harpagon. Oui, cela n'est pas mal : mais ce compte-là n'est rien de réel.

Frosine. Pardonnez-moi. N'est-ce pas quelque chose de réel, que de vous apporter en mariage une grande sobriété, l'héritage d'un grand amour de simplicité de parure, et l'acquisition d'un grand fonds de haine pour le jeu?

Harpagon. C'est une raillerie que de vouloir me constituer son dot de toutes les dépenses qu'elle ne fera point. Je n'irai pas donner quittance de ce que je ne reçois pas; et il faut bien que je touche quelque chose.

Frosine. Mon Dieu! vous toucherez assez; et elles m'ont parlé d'un certain pays où elles ont du bien dont vous serez le maître.

Harpagon. Il faudra voir cela. Mais, Frosine, il y a encore une chose qui m'inquiète. La fille est jeune, comme tu vois ; et les jeunes gens, d'ordinaire, n'aiment que leurs semblables, ne cherchent que leur compagnie. J'ai peur qu'un homme de mon âge ne soit pas de son goût, et que cela ne vienne à produire chez moi certains petits désordres qui ne m'accommoderoient pas.

Frosine. Ah! que vous la connoissez mal! C'est encore une particularité que j'avois à vous dire. Elle a une aversion épouvantable pour tous les jeunes gens, et n'a de l'amour que pour les vieillards.

Harpagon. Elle?

Frosine. Oui, elle. Je voudrois que vous l'eussiez entendu parler là-dessus. Elle ne peut souffrir du tout la vue d'un jeune homme; mais elle n'est point plus ravie, dit-elle, que lorsqu'elle peut voir un beau vieillard avec une barbe majestueuse. Les plus vieux sont pour elle les plus charmants, et je vous avertis de n'aller pas vous faire plus jeune que vous êtes. Elle veut tout au moins qu'on soit sexagénaire; et il n'y a pas quatre mois encore, qu'étant prête d'être mariée, elle rompit tout net le mariage, sur ce que son amant fit voir qu'il n'avoit que cinquante-six ans, et qu'il ne prit point de lunettes pour signer le contrat.

Harpagon. Sur cela seulement?

Frosine. Oui. Elle dit que ce n'est pas contentement pour elle que cinquante-six ans; et surtout, elle est pour les nez qui portent des lunettes.

Harpagon. Certes, tu me dis là une chose toute nouvelle

Frosine. Cela va plus loin qu'on ne vous peut dire On lui voit dans sa chambre quelques tableaux et quelques estampes; mais que pensez-vous que ce soit? Des Adonis? des Céphales? des

Pâris? et des Apollons? Non de beaux portraits de Saturne, du roi Priam, du vieux Nestor, et du bon père Anchise sur les épaules de son fils.

Harpagon. Cela est admirable! Voilà ce que je n'aurois jamais pensé; et je suis bien aise d'apprendre qu'elle est de cette humeur. En effet, si j'avois été femme, je n'aurois point aimé les jeunes hommes

Frosine. Je le crois bien. Voilà de belles drogues que des jeunes gens, pour les aimer! Ce sont de beaux morveux, de beaux godelureaux, pour donner envie de leur peau, et je voudrois bien savoir quel ragoût il y a à eux!

Harpagon. Pour moi, je n'y en comprends point; et je ne sais pas comment il y a des femmes qui les aiment tant

Frosine. Il faut être folle fieffée. Trouver la jeunesse aimable! est-ce avoir le sens commun? Sont-ce des hommes que de jeunes blondins? et peut-on s'attacher à ces animaux-là?

Harpagon C'est ce que je dis tous les jours: avec leur ton de poule laitée, et leurs trois petits brins de barbe relevés en barbe de chat, leurs perruques d'étoupes, leurs hauts-de-chausses tout tombants, et leurs estomacs débraillés

Frosine. Eh! cela est bien bâti, auprès d'une personne comme vous. Voilà un homme, cela Il y a là de quoi satisfaire à la vue; et c'est ainsi qu'il faut être fait, et vêtu, pour donner de l'amour.

Harpagon. Tu me trouves bien?

Frosine. Comment? vous êtes à ravir, et votre figure est à peindre. Tournez-vous un peu, s'il vous plaît. Il ne se peut pas mieux. Que je vous voie marcher. Voilà un corps taillé, libre, et dégagé comme il faut, et qui ne marque aucune incommodité.

Harpagon. Je n'en ai pas de grandes, Dieu merci. Il n'y a que ma fluxion, qui me prend de temps en temps.

Frosine. Cela n'est rien. Votre fluxion ne vous sied point mal, et vous avez grâce à tousser.

Harpagon. Dis-moi un peu: Mariane ne m'a-t-elle point encore vu? N'a-t-elle point pris garde à moi en passant?

Frosine. Non; mais nous nous sommes fort entretenues de vous. Je lui ai fait un portrait de votre personne; et je n'ai pas manqué de lui vanter votre mérite, et l'avantage que ce lui seroit d'avoir un mari comme vous.

Harpagon. Tu as bien fait, et je t'en remercie.

Frosine. J'aurois, Monsieur, une petite prière à vous faire. (*Il prend un air sévère.*) J'ai un procès que je suis sur le point de perdre, faute d'un peu d'argent; et vous pourriez facilement me procurer le gain de ce procès, si vous aviez quelque bonté pour moi. Vous ne sauriez croire le plaisir qu'elle aura de vous voir. (*Il reprend un air gai.*) Ah! que vous lui plairez! et que votre fraise à l'antique fera sur son esprit un effet admirable! Mais surtout elle sera charmée de votre haut-de-chausses, attaché au pourpoint avec des aiguillettes: c'est pour la rendre folle de vous; et un amant aiguilleté sera pour elle un ragoût merveilleux.

Harpagon. Certes, tu me ravis de me dire cela.

Frosine. En vérité, Monsieur, ce procès m'est d'une conséquence tout à fait grande. (*Il reprend son visage sévère.*) Je suis ruinée, si je le perds; et quelque petite assistance me rétabliroit mes affaires. Je voudrais que vous eussiez vu le ravissement où elle étoit à m'entendre parler de vous. (*Il reprend un air gai.*) La joie éclatoit dans ses yeux, au récit de vos qualités; et je l'ai mise enfin dans une impatience extrême de voir ce mariage entièrement conclu.

Harpagon. Tu m'as fait grand plaisir, Frosine; et je t'en ai, je te l'avoue, toutes les obligations du monde.

Frosine. Je vous prie, Monsieur, de me donner le petit secours que je vous demande. (*Il reprend son sérieux.*) Cela me remettra sur pied, et je vous en serai éternellement obligée.

Harpagon. Adieu. Je vais achever mes dépêches.

Frosine. Je vous assure, Monsieur, que vous ne sauriez jamais me soulager dans un plus grand besoin.

Harpagon. Je mettrai ordre que mon carrosse soit tout prêt pour vous mener à la foire.

Frosine. Je ne vous importunerois pas, si je ne m'y voyois forcée par la nécessité.

Harpagon. Et j'aurai soin qu'on soupe de bonne heure, pour ne vous point faire malades.

Frosine. Ne me refusez point la grâce dont je vous sollicite. Vous ne sauriez croire, Monsieur, le plaisir que . . .

Harpagon. Je m'en vais Voilà qu'on m'appelle. Jusqu'à tantôt.

Frosine. Que la fièvre te serre, chien de vilain à tous les diables! Le ladre a été ferme à toutes mes attaques ; mais il ne me faut pas pourtant quitter la négociation ; et j'ai l'autre côté, en tout cas, d'où je suis assurée de tirer bonne récompense.

ACTE III

SCÈNE PREMIÈRE

Harpagon, Cléante, Élise, Valère, Dame Claude, Maître Jacques, Brindavoine, La Merluche

Harpagon. Allons, venez çà tous, que je vous distribue mes ordres pour tantôt et règle à chacun son emploi. Approchez, dame Claude. Commençons par vous. (*Elle tient un balai.*) Bon, vous voilà les armes à la main. Je vous commets au soin de nettoyer partout; et surtout prenez garde de ne point frotter les meubles trop fort, de peur de les user. Outre cela, je vous constitue, pendant le soupé, au gouvernement des bouteilles; et, s'il s'en écarte quelqu'une, et qu'il se casse quelque chose, je m'en prendrai à vous, et le rabattrai sur vos gages.

Maître Jacques. Châtiment politique.

Harpagon. Allez. Vous, Brindavoine, et vous, la Merluche, je vous établis dans la charge de rincer les verres, et de donner à boire, mais seulement lorsque l'on aura soif, et non pas selon la coutume de certains impertinents de laquais, qui viennent provoquer les gens, et les faire aviser de boire lorsqu'on n'y songe pas. Attendez qu'on vous en demande plus d'une fois, et vous ressouvenez de porter toujours beaucoup d'eau.

Maître Jacques. Oui, le vin pur monte à la tête.

La Merluche. Quitterons-nous nos siquenilles, Monsieur?

Harpagon. Oui, quand vous verrez venir les personnes ; et gardez bien de gâter vos habits.

Brindavoine. Vous savez bien, Monsieur, qu'un des devants de mon pourpoint est couvert d'une grande tache de l'huile de la lampe.

La Merluche. Et moi, Monsieur, que j'ai mon haut-de-chausses tout troué par derrière, et qu'on me voit, révérence parler . . .

Harpagon. Paix. Rangez cela adroitement du côté de la muraille, et présentez toujours le devant au monde. (*Harpagon met son chapeau au-devant de son pourpoint pour montrer à Brindavoine comment il doit faire pour cacher la tache d'huile.*) Et vous, tenez toujours votre chapeau ainsi, lorsque vous servirez. Pour vous, ma fille, vous aurez l'œil sur ce que l'on desservira, et prendrez garde qu'il ne s'en fasse aucun dégât. Cela sied bien aux filles. Mais cependant préparez-vous à bien recevoir ma maîtresse, qui vous doit venir visiter et vous mener avec elle à la foire. Entendez-vous ce que je vous dis?

Élise. Oui, mon père.

Harpagon. Et vous, mon fils le Damoiseau, à qui j'ai la bonté de pardonner l'histoire de tantôt, ne vous allez pas aviser non plus de lui faire mauvais visage.

Cléante. Moi, mon père, mauvais visage ? Et par quelle raison ?

Harpagon. Mon Dieu ! nous savons le train des enfants dont les pères se remarient, et de quel œil ils ont coutume de regarder ce qu'on appelle belle-mère. Mais si vous souhaitez que je perde le souvenir de votre dernière fredaine, je vous recommande surtout de régaler d'un bon visage cette personne-là, et de lui faire enfin tout le meilleur accueil qu'il vous sera possible.

Cléante. A vous dire le vrai, mon père, je ne puis pas vous promettre d'être bien aise qu'elle devienne ma belle-mère : je mentirois si je vous le disois ; mais pour ce qui est de la bien recevoir, et de lui faire bon visage, je vous promets de vous obéir ponctuellement sur ce chapitre.

Harpagon. Prenez-y garde au moins.

Cléante. Vous verrez que vous n'aurez pas sujet de vous en plaindre.

Harpagon. Vous ferez sagement. Valère, aide-moi à ceci. Ho çà, maître Jacques, approchez-vous, je vous ai gardé pour le dernier.

Maître Jacques. Est-ce à votre cocher, Monsieur, ou bien à votre cuisinier, que vous voulez parler ? car je suis l'un et l'autre.

Harpagon. C'est à tous les deux.

Maître Jacques. Mais à qui des deux le premier?

Harpagon. Au cuisinier.

Maître Jacques. Attendez donc, s'il vous plaît. (*Il ôte sa casaque de cocher, et paroît vêtu en cuisinier.*)

Harpagon. Quelle diantre de cérémonie est-ce là?

Maître Jacques. Vous n'avez qu'à parler.

Harpagon. Je me suis engagé, maître Jacques, à donner ce soir à souper.

Maître Jacques. Grande merveille!

Harpagon. Dis-moi un peu, nous feras-tu bonne chère?

Maître Jacques. Oui, si vous me donnez bien de l'argent.

Harpagon. Que diable, toujours de l'argent! Il semble qu'ils n'aient autre chose à dire: "De l'argent, de l'argent, de l'argent." Ah! ils n'ont que ce mot à la bouche: "De l'argent." Toujours parler d'argent. Voilà leur épée de chevet, de l'argent.

Valère. Je n'ai jamais vu de réponse plus impertinente que cella-là. Voilà une belle merveille que de faire bonne chère avec bien de l'argent : c'est une chose la plus aisée du monde, et il n'y a si pauvre esprit qui n'en fît bien autant ; mais pour agir en habile homme, il faut parler de faire bonne chère avec peu d'argent.

Maître Jacques. Bonne chère avec peu d'argent !

Valère. Oui.

Maître Jacques. Par ma foi, Monsieur l'intendant, vous nous obligerez de nous faire voir ce secret, et de prendre mon office de cuisinier : aussi bien vous mêlez-vous céans d'être le factoton.

Harpagon. Taisez-vous. Qu'est-ce qu'il nous faudra ?

Maître Jacques. Voilà Monsieur votre intendant, qui vous fera bonne chère pour peu d'argent.

Harpagon. Haye ! je veux que tu me répondes.

Maître Jacques. Combien serez-vous de gens à table ?

Harpagon. Nous serons huit ou dix ; mais il ne faut prendre que huit quand il y a à manger pour huit, il y en a bien pour dix.

Valère. Cela s'entend.

Maître Jacques. Hé bien ! il faudra quatre grands potages, et cinq assiettes. Potages . . . Entrées . . .

Harpagon. Que diable! voilà pour traiter toute une ville entière.

Maître Jacques. Rôt . . .

Harpagon, en lui mettant la main sur la bouche. Ah! traître, tu manges tout mon bien.

Maître Jacques. Entremets . . .

Harpagon. Encore?

Valère. Est-ce que vous avez envie de faire crever tout le monde? et Monsieur a-t-il invité des gens pour les assassiner à force de mangeaille? Allez-vous-en lire un peu les préceptes de la santé, et demander aux médecins s'il y a rien de plus préjudiciable à l'homme que de manger avec excès.

Harpagon. Il a raison.

Valère. Apprenez, maître Jacques, vous et vos pareils, que c'est un coupe-gorge qu'une table remplie de trop de viandes, que, pour se bien montrer ami de ceux que l'on invite, il faut que la frugalité règne dans les repas qu'on donne; et que, suivant le dire d'un ancien, *il faut manger pour vivre, et non pas vivre pour manger.*

Harpagon. Ah! que cela est bien dit! Approche, que je t'embrasse pour ce mot. Voilà la plus belle sentence que j'aie entendue de ma vie. *Il faut vivre pour manger, et non pas manger pour vi* . . Non, ce n'est pas cela. Comment est-ce que tu dis?

Valère. Qu'il faut manger pour vivre, et non pas vivre pour manger.

Harpagon. Oui. Entends-tu ? Qui est le grand homme qui a dit cela ?

Valère. Je ne me souviens pas maintenant de son nom.

Harpagon. Souviens-toi de m'écrire ces mots : je les veux faire graver en lettres d'or sur la cheminée de ma salle.

Valère. Je n'y manquerai pas. Et pour votre soupé, vous n'avez qu'à me laisser faire : je réglerai tout cela comme il faut.

Harpagon. Fais donc.

Maître Jacques. Tant mieux : j'en aurai moins de peine.

Harpagon. Il faudra de ces choses dont on ne mange guère, et qui rassasient d'abord : quelque bon haricot bien gras, avec quelque pâté en pot bien garni de marrons.

Valère. Reposez-vous sur moi.

Harpagon. Maintenant, maître Jacques, il faut nettoyer mon carrosse.

Maître Jacques. Attendez. Ceci s'adresse au cocher. (*Il remet sa casaque.*) Vous dites...

Harpagon. Qu'il faut nettoyer mon carrosse, et tenir mes chevaux tous prêts pour conduire à la foire...

Maître Jacques. Vos chevaux, Monsieur ? Ma foi, ils ne sont point du tout en état de marcher. Je ne vous dirai point qu'ils sont sur la litière, les pauvres bêtes n'en ont point, et ce seroit fort mal parler ; mais vous leur faites observer des jeûnes si austères, que ce ne sont plus rien que des idées ou des fantômes, des façons de chevaux.

Harpagon. Les voilà bien malades : ils ne font rien.

Maître Jacques. Et pour ne faire rien, Monsieur, est-ce qu'il ne faut rien manger ? Il leur vaudroit bien mieux, les pauvres animaux, de travailler beaucoup, de manger de même. Cela me fend le cœur de les voir ainsi exténués ; car enfin j'ai une tendresse pour mes chevaux, qu'il me semble que c'est moi-même quand je les vois pâtir ; je m'ôte tous les jours pour eux les choses de la bouche ; et c'est être, Monsieur, d'un naturel trop dur, que de n'avoir nulle pitié de son prochain.

Harpagon. Le travail ne sera pas grand d'aller jusqu'à la foire.

Maître Jacques. Non, Monsieur, je n'ai pas le courage de les mener, et je ferois conscience de leur donner des coups de fouet, en l'état où ils sont. Comment voudriez-vous qu'ils trainassent un carrosse, qu'ils ne peuvent pas se trainer eux-mêmes ?

Valère. Monsieur, j'obligerai le voisin le Picard à se charger de les conduire: aussi bien nous fera-t-il ici besoin pour apprêter le soupé.

Maître Jacques. Soit: j'aime mieux encore qu'ils meurent sous la main d'un autre que sous la mienne.

Valère. Maître Jacques fait bien le raisonnable.

Maître Jacques. Monsieur l'intendant fait bien le nécessaire.

Harpagon. Paix!

Maître Jacques. Monsieur, je ne saurois souffrir les flatteurs; et je vois que ce qu'il en fait, que ses contrôles perpétuels sur le pain et le vin, le bois, le sel, et la chandelle, ne sont rien que pour vous gratter et vous faire sa cour. J'enrage de cela, et je suis fâché tous les jours d'entendre ce qu'on dit de vous; car enfin je me sens pour vous de la tendresse, en dépit que j'en aie; et après mes chevaux, vous êtes la personne que j'aime le plus.

Harpagon. Pourrois-je savoir de vous, maître Jacques, ce que l'on dit de moi?

Maître Jacques. Oui, Monsieur, si j'étois assuré que cela ne vous fâchât point.

Harpagon. Non, en aucune façon.

Maître Jacques. Pardonnez-moi: je sais fort bien que je vous mettrois en colère.

Harpagon. Point du tout: au contraire, c'est me faire plaisir, et je suis bien aise d'apprendre comme on parle de moi.

Maître Jacques. Monsieur, puisque vous le voulez, je vous dirai franchement qu'on se moque partout de vous; qu'on nous jette de tous côtés cent brocards à votre sujet; et que l'on n'est point plus ravi que de vous tenir au cul et aux chausses, et de faire sans cesse des contes de votre lésine. L'un dit que vous faites imprimer des almanachs particuliers, où vous faites doubler les quatre-temps et les vigiles afin de profiter des jeûnes où vous obligez votre monde. L'autre, que vous avez toujours une querelle toute prête à faire à vos valets dans le temps des étrennes, ou de leur sortie d'avec vous, pour vous trouver une raison de ne leur donner rien. Celui-là conte qu'une fois vous fîtes assigner le chat d'un de vos voisins, pour vous avoir mangé un reste d'un gigot de mouton. Celui-ci, que l'on vous surprit une nuit, en venant dérober vous-même l'avoine de vos chevaux; et que votre cocher, qui étoit celui d'avant moi, vous donna dans l'obscurité je ne sais combien de coups de bâton, dont vous ne voulûtes rien dire. Enfin, voulez-vous que je vous dise? On ne sauroit aller nulle part où l'on ne vous entende accommoder de toutes pièces.

Vous êtes la fable et la risée de tout le monde ; et jamais on ne parle de vous que sous les noms d'avare, de ladre, de vilain et de fesse-mathieu.

Harpagon, en le battant. Vous êtes un sot, un maraud, un coquin et un impudent.

Maître Jacques. Hé bien ! ne l'avois-je pas deviné ? Vous ne m'avez pas voulu croire : je vous l'avois bien dit que je vous fâcherois de vous dire la vérité.

Harpagon. Apprenez à parler.

SCÈNE II

Maître Jacques, Valère

Valère. A ce que je puis voir, maître Jacques, on paye mal votre franchise.

Maître Jacques. Morbleu ! Monsieur le nouveau venu, qui faites l'homme d'importance, ce n'est pas votre affaire. Riez de vos coups de bâton quand on vous en donnera, et ne venez point rire des miens.

Valère. Ah ! Monsieur maître Jacques, ne vous fâchez pas, je vous prie.

Maître Jacques. Il file doux. Je veux faire le brave, et s'il est assez sot pour me craindre, le frotter quelque peu. Savez-vous bien, Monsieur le rieur, que je ne ris pas, moi ? et que, si vous m'échauffez la tête, je vous ferai rire d'une autre sorte? (*Maître Jacques pousse Valère jusques au bout du théâtre, en le menaçant.*)

Valère. Eh! doucement.

Maître Jacques. Comment, doucement? il ne me plaît pas, moi.

Valère. De grâce.

Maître Jacques. Vous êtes un impertinent.

Valère. Monsieur maître Jacques . . .

Maître Jacques. Il n'y a point de Monsieur maître Jacques pour un double. Si je prends un bâton, je vous rosserai d'importance.

Valère. Comment, un bâton? (*Valère le fait reculer autant qu'il l'a fait.*)

Maître Jacques. Eh! je ne parle pas de cela.

Valère. Savez-vous bien, Monsieur le fat, que je suis homme à vous rosser vous-même?

Maître Jacques. Je n'en doute pas.

Valère. Que vous n'êtes, pour tout potage, qu'un faquin de cuisinier?

Maître Jacques. Je le sais bien.

Valère. Et que vous ne me connaissez pas encore.

Maître Jacques. Pardonnez-moi.

Valère. Vous me rosserez, dites-vous?

Maître Jacques. Je le disois en raillant.

Valère. Et moi, je ne prends point de goût à votre raillerie. (*Il lui donne des coups de bâton.*) Apprenez que vous êtes un mauvais railleur.

Maître Jacques. Peste soit la sincérité! c'est un mauvais métier. Désormais j'y renonce, et je ne veux plus dire vrai. Passe encore pour mon maitre: il a quelque droit de me battre; mais, pour ce Monsieur l'intendant, je m'en vengerai si je puis.

SCÈNE III

Frosine, Mariane, Maître Jacques

Frosine. Savez-vous, maître Jacques, si votre maitre est au logis?

Maître Jacques. Oui, vraiment, il y est, je ne le sais que trop.

Frosine. Dites-lui, je vous prie, que nous sommes ici.

SCÈNE IV

Mariane, Frosine

Mariane. Ah! que je suis, Frosine, dans un étrange état! et s'il faut dire ce que je sens, que j'appréhende cette vue!

Frosine. Mais pourquoi, et quelle est votre inquiétude?

Mariane. Hélas! me le demandez-vous? et ne vous figurez-vous point les alarmes d'une personne toute prête à voir le supplice où l'on veut l'attacher?

Frosine. Je vois bien que, pour mourir agréablement, Harpagon n'est pas le supplice que vous voudriez embrasser, et je connois à votre mine que le jeune blondin dont vous m'avez parlé vous revient un peu dans l'esprit.

Mariane. Oui, c'est une chose, Frosine, dont je ne veux pas me défendre; et les visites respectueuses qu'il a rendues chez nous ont fait, je vous l'avoue, quelque effet dans mon âme.

Frosine. Mais avez-vous su quel il est?

Mariane. Non, je ne sais point quel il est; mais je sais qu'il est fait d'un air à se faire aimer; que si l'on pouvoit mettre les choses à mon choix, je le prendrois plutôt qu'un autre; et qu'il ne contribue pas peu à me faire trouver un tourment effroyable dans l'époux qu'on veut me donner.

Frosine. Mon Dieu! tous ces blondins sont agréables, et débitent fort bien leur fait; mais la plupart sont gueux comme des rats; et il vaut mieux pour vous de prendre un vieux mari qui vous donne beaucoup de bien. Je vous avoue que les sens ne trouvent pas si bien leur compte du côté que je dis, et qu'il y a quelques petits dégoûts à essuyer avec un tel époux; mais cela n'est pas pour durer, et sa mort, croyez-moi, vous mettra bientôt en état d'en prendre un plus aimable, qui réparera toutes choses.

Mariane. Mon Dieu! Frosine, c'est une étrange affaire, lorsque, pour être heureuse, il faut souhaiter ou attendre le trépas de quelqu'un, et la mort ne suit pas tous les projets que nous faisons.

Frosine. Vous moquez-vous? Vous ne l'épousez qu'aux conditions de vous laisser veuve bientôt; et ce doit être là un des articles du contrat. Il seroit bien impertinent de ne pas mourir dans trois mois. Le voici en propre personne.

Mariane. Ah! Frosine, quelle figure!

SCÈNE V

Harpagon, Frosine, Mariane

Harpagon. Ne vous offensez pas, ma belle, si je viens à vous avec des lunettes. Je sais que vos appas frappent assez les yeux, sont assez visibles d'eux-mêmes, et qu'il n'est pas besoin de lunettes pour les apercevoir; mais enfin c'est avec des lunettes qu'on observe les astres, et je maintiens et garantis que vous êtes un astre, mais un astre, le plus bel astre qui soit dans le pays des astres. Frosine, elle ne répond mot, et ne témoigne, ce me semble, aucune joie de me voir.

Frosine. C'est qu'elle est encore toute surprise; et puis, les filles ont toujours honte à témoigner d'abord ce qu'elles ont dans l'âme.

Harpagon. Tu as raison. Voilà, belle mignonne, ma fille qui vient vous saluer.

SCÈNE VI

Élise, Harpagon, Mariane, Frosine

Mariane. Je m'acquitte bien tard, Madame, d'une telle visite.

Élise. Vous avez fait, Madame, ce que je devois faire, et c'étoit à moi de vous prévenir.

Harpagon. Vous voyez qu'elle est grande; mais mauvaise herbe croît toujours.

Mariane, bas, à Frosine. Oh! l'homme déplaisant!

Harpagon. Que dit la belle?

Frosine. Qu'elle vous trouve admirable.

Harpagon. C'est trop d'honneur que vous me faites, adorable mignonne.

Mariane, à part. Quel animal!

Harpagon. Je vous suis trop obligé de ces sentiments.

Mariane, à part. Je n'y puis plus tenir.

Harpagon. Voici mon fils aussi qui vous vient faire la révérence.

Mariane, à part, à Frosine. Ah! Frosine, quelle rencontre! C'est justement celui dont je t'ai parlé.

Frosine, à Mariane. L'aventure est merveilleuse

Harpagon. Je vois que vous vous étonnez de me voir de si grands enfants; mais je serai bientôt défait et de l'un et de l'autre.

SCÈNE VII

Cléante, Harpagon, Élise, Mariane, Frosine

Cléante. Madame, à vous dire le vrai, c'est ici une aventure où sans doute je ne m'attendais pas; et mon père ne m'a pas peu surpris lorsqu'il m'a dit tantôt le dessein qu'il avoit formé.

Mariane. Je puis dire la même chose. C'est une rencontre imprévue qui m'a surprise autant que vous; et je n'étois point préparée à une pareille aventure.

Cléante. Il est vrai que mon père, Madame, ne peut pas faire un plus beau choix, et que ce m'est une sensible joie que l'honneur de vous voir ; mais avec tout cela, je ne vous assurerai point que je me réjouis du dessein où vous pourriez être de devenir ma belle-mère. Le compliment, je vous l'avoue, est trop difficile pour moi ; et c'est un titre, s'il vous plaît, que je ne vous souhaite point. Ce discours paroîtra brutal aux yeux de quelques-uns ; mais je suis assuré que vous serez personne à le prendre comme il faudra ; que c'est un mariage, Madame, où vous vous imaginez bien que je dois avoir de la répugnance ; que vous n'ignorez pas, sachant ce que je suis, comme il choque mes intérêts ; et que vous voulez bien enfin que je vous dise, avec la permission de mon père, que si les choses dépendoient de moi, cet hymen ne se feroit point.

Harpagon. Voilà un compliment bien impertinent : quelle belle confession à lui faire !

Mariane. Et moi, pour vous répondre, j'ai à vous dire que les choses sont fort égales ; et que si vous auriez de la répugnance à me voir votre belle-mère, je n'en aurois pas moins sans doute à vous voir mon beau-fils. Ne croyez pas, je vous prie, que ce soit moi qui cherche à vous donner cette inquiétude. Je serois fort fâchée de vous causer du déplaisir ; et si je ne m'y vois forcée par une puissance absolue, je vous donne ma parole que je ne consentirai point au mariage qui vous chagrine.

Harpagon. Elle a raison : à sot compliment il faut une réponse de même. Je vous demande pardon, ma belle, de l'impertinence de mon fils. C'est un jeune sot, qui ne sait pas encore la conséquence des paroles qu'il dit.

Mariane. Je vous promets que ce qu'il m'a dit ne m'a point du tout offensée ; au contraire, il m'a fait plaisir de m'expliquer ainsi ses véritables sentiments. J'aime de lui un aveu de la sorte ; et s'il avoit parlé d'autre façon, je l'en estimerois bien moins

Harpagon. C'est beaucoup de bonté à vous de vouloir ainsi excuser ses fautes. Le temps le rendra plus sage, et vous verrez qu'il changera de sentiments.

Cléante. Non, mon père, je ne suis point capable d'en changer, et je prie instamment Madame de le croire.

Harpagon. Mais voyez quelle extravagance ! Il continue encore plus fort.

Cléante. Voulez-vous que je trahisse mon cœur ?

Harpagon. Encore ? Avez-vous envie de changer de discours ?

Cléante. Hé bien ! puisque vous voulez que je parle d'autre façon, souffrez, Madame, que je me mette ici à la place de mon père, et que je vous avoue que je n'ai rien vu dans le monde de si charmant que vous, que je ne conçois rien d'égal au bonheur de vous plaire, et que le titre de votre époux est une gloire, une félicité que je préférerois aux destinées des plus grands princes de la terre. Oui, Madame, le bonheur de vous posséder est à mes regards la plus belle de toutes les fortunes, c'est où j'attache toute mon ambition ; il n'y a rien que je ne sois capable de faire pour une conquête si précieuse, et les obstacles les plus puissants .

Harpagon. Doucement, mon fils, s'il vous plaît.

Cléante. C'est un compliment que je fais pour vous à Madame.

Harpagon. Mon Dieu ! j'ai une langue pour m'expliquer moi-même, et je n'ai pas besoin d'un procureur comme vous. Allons, donnez des sièges.

Frosine. Non, il vaut mieux que de ce pas nous allions à la foire, afin d'en revenir plus tôt, et d'avoir tout le temps ensuite de vous entretenir.

Harpagon. Qu'on mette donc les chevaux au carrosse. Je vous prie de m'excuser, ma belle, si je n'ai pas songé à vous donner un peu de collation avant que de partir.

Cléante. J'y ai pourvu, mon père, et j'ai fait apporter ici quelques bassins d'oranges de la Chine, de citrons doux et de confitures, que j'ai envoyé querir de votre part.

Harpagon, bas, à Valère Valère!

Valère, à Harpagon. Il a perdu le sens

Cléante Est-ce que vous trouvez, mon pere, que ce ne soit pas assez? Madame aura la bonté d'excuser cela, s'il lui plaît

Mariane. C'est une chose qui n'étoit pas nécessaire.

Cléante. Avez-vous jamais vu, Madame, un diamant plus vif que celui que vous voyez que mon père a au doigt?

Mariane. Il est vrai qu'il brille beaucoup

Cléante. (*Il l'ôte du doigt de son père, et le donne à Mariane.*) Il faut que vous le voyiez de près

Mariane. Il est fort beau sans doute, et jette quantité de feux

Cléante. (*Il se met au-devant de Mariane, qui le veut rendre.*) Nenni, Madame il est en de trop belles mains C'est un présent que mon père vous a fait

Harpagon. Moi?

Cléante. N'est-il pas vrai, mon père, que vous voulez que Madame le garde pour l'amour de vous?

Harpagon, à part, à son fils. Comment?

Cléante. Belle demande! Il me fait signe de vous le faire accepter

Mariane. Je ne veux point...

Cléante. Vous moquez-vous ? Il n'a garde de le reprendre.

Harpagon, à part. J'enrage !

Mariane. Ce seroit . . .

Cléante, en empêchant toujours Mariane de rendre la bague. Non, vous dis-je, c'est l'offenser.

Mariane. De grâce . . .

Cléante. Point du tout.

Harpagon, à part. Peste soit . . .

Cléante. Le voilà qui se scandalise de votre refus.

Harpagon, bas, à son fils. Ah, traître.

Cléante. Vous voyez qu'il se désespère.

Harpagon, bas, à son fils, en le menaçant. Bourreau que tu es !

Cléante. Mon père, ce n'est pas ma faute. Je fais ce que je puis pour l'obliger à la garder ; mais elle est obstinée.

Harpagon, bas, à son fils, avec emportement. Pendard !

Cléante. Vous êtes cause, Madame, que mon père me querelle.

Harpagon, bas, à son fils, avec les mêmes grimaces. Le coquin !

Cléante. Vous le ferez tomber malade. De grâce, Madame, ne résistez point davantage.

Frosine. Mon Dieu! que de façons! Gardez la bague, puisque Monsieur le veut.

Mariane. Pour ne vous point mettre en colère, je la garde maintenant; et je prendrai un autre temps pour vous la rendre.

SCÈNE VIII

Harpagon, Mariane, Frosine, Cléante, Brindavoine, Élise

Brindavoine. Monsieur, il y a là un homme qui veut vous parler.

Harpagon. Dis-lui que je suis empêché, et qu'il revienne une autre fois.

Brindavoine. Il dit qu'il vous apporte de l'argent.

Harpagon. Je vous demande pardon. Je reviens tout à l'heure.

SCÈNE IX

Harpagon, Mariane, Cléante, Élise, Frosine, La Merluche

La Merluche. (*Il vient en courant, et fait tomber Harpagon.*) Monsieur . . .

Harpagon. Ah! je suis mort.

Cléante. Qu'est-ce, mon père? vous êtes-vous fait mal?

Harpagon. Le traître assurément a reçu de l'argent de mes débiteurs, pour me faire rompre le cou.

Valère. Cela ne sera rien.

La Merluche. Monsieur, je vous demande pardon, je croyois bien faire d'accourir vite.

Harpagon. Que viens-tu faire ici, bourreau?

La Merluche. Vous dire que vos deux chevaux sont déferrés.

Harpagon. Qu'on les mène promptement chez le maréchal.

Cléante. En attendant qu'ils soient ferrés, je vais faire pour vous, mon père, les honneurs de votre logis, et conduire Madame dans le jardin, où je ferai porter la collation.

Harpagon. Valère, aie un peu l'œil à tout cela ; et prends soin, je te prie, de m'en sauver le plus que tu pourras, pour le renvoyer au marchand.

Valère. C'est assez.

Harpagon. Oh fils impertinent, as-tu envie de me ruiner?

ACTE IV

SCÈNE PREMIÈRE

Cléante, Mariane, Élise, Frosine

Cléante. Rentrons ici, nous serons beaucoup mieux. Il n'y a plus autour de nous personne de suspect, et nous pouvons parler librement.

Élise. Oui, Madame, mon frère m'a fait confidence de la passion qu'il a pour vous. Je sais les chagrins et les déplaisirs que sont capables de causer de pareilles traverses; et c'est, je vous assure, avec une tendresse extrême que je m'intéresse à votre aventure.

Mariane. C'est une douce consolation que de voir dans ses intérêts une personne comme vous; et je vous conjure, Madame, de me garder toujours cette généreuse amitié, si capable de m'adoucir les cruautés de la fortune.

Frosine. Vous êtes, par ma foi! de malheureuses gens l'un et l'autre, de ne m'avoir point, avant tout ceci, avertie de votre affaire. Je vous aurois sans doute détourné cette inquiétude, et n'aurois point amené les choses où l'on voit qu'elles sont.

Cléante. Que veux-tu? C'est ma mauvaise destinée qui l'a voulu ainsi. Mais, belle Mariane, quelles résolutions sont les vôtres?

Mariane. Hélas! suis-je en pouvoir de faire des résolutions? Et dans la dépendance où je me vois, puis-je former que des souhaits?

Cléante. Point d'autre appui pour moi dans votre cœur que de simples souhaits? point de pitié officieuse? point de secourable bonté? point d'affection agissante?

Mariane. Que saurois-je vous dire? Mettez-vous en ma place, et voyez ce que je puis faire. Avisez, ordonnez vous-même : je m'en remets à vous, et je vous crois trop raisonnable pour vouloir exiger de moi que ce qui peut m'être permis par l'honneur et la bienséance.

Cléante. Hélas! où me réduisez-vous, que de me renvoyer à ce que voudront me permettre les fâcheux sentiments d'un rigoureux honneur et d'une scrupuleuse bienséance?

Mariane. Mais que voulez-vous que je fasse? Quand je pourrois passer sur quantité d'égards où notre sexe est obligé, j'ai de la considération pour ma mère. Elle m'a toujours élevée avec une tendresse extrême, et je ne saurois me résoudre à lui donner du déplaisir Faites, agissez auprès d'elle, employez tous vos soins à gagner son esprit : vous pouvez faire et dire tout ce que vous voudrez, je vous en donne la licence ; et, s'il ne tient qu'à me déclarer en votre faveur, je veux bien consentir à lui faire un aveu moi-même de tout ce que je sens pour vous.

Cléante. Frosine, ma pauvre Frosine, voudrois-tu nous servir?

Frosine. Par ma foi! faut-il demander? je le voudrois de tout mon cœur. Vous savez que de mon naturel je suis assez humaine. Le Ciel ne m'a point fait l'âme de bronze, et je n'ai que trop de tendresse à rendre de petits services, quand je vois des gens qui s'entre-aiment en tout bien et en tout honneur Que pourrions-nous faire à ceci?

Cléante. Songe un peu, je te prie.

Mariane. Ouvre-nous des lumières.

Élise. Trouve quelque invention pour rompre ce que tu as fait.

Frosine. Ceci est assez difficile. Pour votre mère, elle n'est pas tout à fait déraisonnable, et peut-être pourroit-on la gagner, et la résoudre à transporter au fils le don qu'elle veut faire au père. Mais le mal que j'y trouve, c'est que votre père est votre père.

Cléante. Cela s'entend.

Frosine. Je veux dire qu'il conservera du dépit, si l'on montre qu'on le refuse; et qu'il ne sera point d'humeur ensuite à donner son consentement à votre mariage. Il faudroit, pour bien faire, que le refus vînt de lui-même, et tâcher par quelque moyen de le dégoûter de votre personne.

Cléante. Tu as raison.

Frosine. Oui, j'ai raison, je le sais bien. C'est là ce qu'il faudroit ; mais le diantre est d'en pouvoir trouver les moyens. Attendez : si nous avions quelque femme un peu sur l'âge, qui fût de mon talent, et jouât assez bien pour contrefaire une dame de qualité, par le moyen d'un train fait à la hâte, et d'un bizarre nom de marquise, ou de vicomtesse, que nous supposerions de la basse Bretagne, j'aurois assez d'adresse pour faire accroire à votre père que ce seroit une personne riche, outre ses maisons, de cent mille écus en argent comptant ; qu'elle seroit éperdument amoureuse de lui, et souhaiteroit de se voir sa femme, jusqu'à lui donner tout son bien par contrat de mariage ; et je ne doute point qu'il ne prêtât l'oreille à la proposition ; car enfin il vous aime fort, je le sais ; mais il aime un peu plus l'argent ; et quand, ébloui de ce leurre, il auroit une fois consenti à ce qui vous touche, il importeroit peu ensuite qu'il se désabusât, en venant à vouloir voir clair aux effets de notre marquise.

Cléante. Tout cela est fort bien pensé.

Frosine. Laissez-moi faire. Je viens de me ressouvenir d'une de mes amies qui sera notre fait

Cléante. Sois assurée, Frosine, de ma reconnoissance, si tu viens à bout de la chose. Mais, charmante Mariane, commençons, je vous prie, par gagner votre mère : c'est toujours beaucoup faire que de rompre ce mariage. Faites-y de votre part, je vous en conjure, tous les efforts qu'il vous sera possible. Servez-vous de tout le pouvoir que vous donne sur elle cette amitié qu'elle a pour vous, déployez sans réserve les grâces éloquentes, les charmes tout-puissants que le Ciel a placés dans vos yeux et dans votre bouche ; et n'oubliez rien, s'il vous plaît, de ces tendres paroles, de ces douces prières, et de ces caresses touchantes à qui je suis persuadé qu'on ne sauroit rien refuser.

Mariane. J'y ferai tout ce que je puis, et n'oublierai aucune chose.

SCÈNE II

Harpagon, Cléante, Mariane, Élise, Frosine

Harpagon. Ouais! mon fils baise la main de sa prétendue belle-mère, et sa prétendue belle-mère ne s'en défend pas fort. Y auroit-il quelque mystère là-dessous ?

Élise. Voilà mon père.

Harpagon. Le carrosse est tout prêt. Vous pouvez partir quand il vous plaira.

Cléante. Puisque vous n'y allez pas, mon père, je m'en vais les conduire.

Harpagon. Non, demeurez. Elles iront bien toutes seules, et j'ai besoin de vous.

SCÈNE III

Harpagon, Cléante

Harpagon. Oh çà, intérêt de belle-mère à part, que te semble à toi de cette personne?

Cléante. Ce qui m'en semble?

Harpagon. Oui, de son air, de sa taille, de sa beauté, de son esprit?

Cléante. La, la.

Harpagon. Mais encore?

Cléante. A vous en parler franchement, je ne l'ai pas trouvée ici ce que je l'avois crue. Son air est de franche coquette, sa taille est assez gauche, sa beauté très-médiocre, et son esprit des plus communs. Ne croyez pas que ce soit, mon père, pour vous en dégoûter ; car, belle-mère pour belle-mère, j'aime autant celle-là qu'une autre.

Harpagon. Tu lui disois tantôt pourtant...

Cléante. Je lui ai dit quelques douceurs en votre nom, mais c'étoit pour vous plaire.

Harpagon. Si bien donc que tu n'aurois pas d'inclination pour elle?

Cléante. Moi? point du tout.

Harpagon. J'en suis fâché ; car cela rompt une pensée qui m'étoit venue dans l'esprit. J'ai fait, en la voyant ici, réflexion sur mon âge ; et j'ai songé qu'on pourra trouver à redire de me voir marier à une si jeune personne. Cette considération m'en faisoit quitter le dessein ; et, comme je l'ai fait demander, et que je suis pour elle engagé de parole, je te l'aurois donnée, sans l'aversion que tu témoignes.

Cléante. A moi ?

Harpagon. A toi.

Cléante. En mariage ?

Harpagon. En mariage.

Cléante. Écoutez il est vrai qu'elle n'est pas fort à mon goût ; mais pour vous faire plaisir, mon père, je me résoudrai à l'épouser, si vous voulez.

Harpagon. Moi ? Je suis plus raisonnable que tu ne penses : je ne veux point forcer ton inclination.

Cléante. Pardonnez-moi, je me ferai cet effort pour l'amour de vous.

Harpagon. Non, non : un mariage ne sauroit être heureux où l'inclination n'est pas

Cléante. C'est une chose, mon père, qui peut-être viendra ensuite ; et l'on dit que l'amour est souvent un fruit du mariage.

Harpagon. Non : du côté de l'homme, on ne doit point risquer l'affaire, et ce sont des suites fâcheuses, où je n'ai garde de me commettre. Si tu avois senti quelque inclination pour elle à la bonne heure: je te l'aurois fait épouser, au lieu de moi; mais, cela n'étant pas, je suivrai mon premier dessein, et je l'épouserai moi-même.

Cléante. Hé bien! mon père, puisque les choses sont ainsi, il faut vous découvrir mon cœur, il faut vous révéler notre secret. La vérité est que je l'aime, depuis un jour que je la vis dans une promenade; que mon dessein étoit tantôt de vous la demander pour femme; et que rien ne m'a retenu que la déclaration de vos sentiments, et la crainte de vous déplaire.

Harpagon. Lui avez-vous rendu visite?

Cléante. Oui, mon père

Harpagon. Beaucoup de fois?

Cléante. Assez, pour le temps qu'il y a.

Harpagon. Vous a-t-on bien reçu?

Cléante. Fort bien, mais sans savoir qui j'étois; et c'est ce qui a fait tantôt la surprise de Mariane.

Harpagon. Lui avez-vous déclaré votre passion, et le dessein où vous étiez de l'épouser?

Cléante. Sans doute; et même j'en avois fait à sa mère quelque peu d'ouverture.

Harpagon A-t-elle écouté, pour sa fille, votre proposition?

Cléante. Oui, fort civilement.

Harpagon. Et la fille correspond-elle fort à votre amour?

Cléante. Si j'en dois croire les apparences, je me persuade, mon père, qu'elle a quelque bonté pour moi.

Harpagon. Je suis bien aise d'avoir appris un tel secret, et voilà justement ce que je demandois. Oh sus! mon fils, savez-vous ce qu'il y a? c'est qu'il faut songer, s'il vous plaît, à vous défaire de votre amour, à cesser toutes vos poursuites auprès d'une personne que je prétends pour moi, et à vous marier dans peu avec celle qu'on vous destine.

Cléante. Oui, mon père, c'est ainsi que vous me jouez! Hé bien! puisque les choses en sont venues là, je vous déclare, moi, que je ne quitterai point la passion que j'ai pour Mariane, qu'il n'y a point d'extrémité où je ne m'abandonne pour vous disputer sa conquête, et que si vous avez pour vous le consentement d'une mère, j'aurai d'autres secours peut-être qui combattront pour moi.

Harpagon. Comment, pendard? tu as l'audace d'aller sur mes brisées?

Cléante. C'est vous qui allez sur les miennes; et je suis le premier en date.

Harpagon. Ne suis-je pas ton père? et ne me dois-tu pas respect?

Cléante. Ce ne sont point ici des choses où les enfants soient obligés de déférer aux pères; et l'amour ne connoît personne.

Harpagon. Je te ferai bien me connoître, avec de bons coups de bâton.

Cléante. Toutes vos menaces ne feront rien.

Harpagon. Tu renonceras à Mariane.

Cléante. Point du tout.

Harpagon. Donnez-moi un bâton tout à l'heure.

SCÈNE IV

Maître Jacques, Harpagon, Cléante

Maître Jacques. Eh, eh, eh, Messieurs, qu'est-ce ci? à quoi songez-vous?

Cléante. Je me moque de cela.

Maître Jacques. Ah! Monsieur, doucement.

Harpagon.. Me parler avec cette impudence!

Maître Jacques. Ah! Monsieur, de grâce.

Cléante. Je n'en démordrai point.

Maître Jacques. Hé quoi? à votre père?

Harpagon. Laisse-moi faire.

Maître Jacques. Hé quoi? à votre fils? Encore passe pour moi.

Harpagon. Je te veux faire toi-même, maître Jacques, juge de cette affaire, pour montrer comme j'ai raison.

Maître Jacques. J'y consens. Éloignez-vous un peu.

Harpagon. J'aime une fille que je veux épouser; et le pendard a l'insolence de l'aimer avec moi, et d'y prétendre malgré mes ordres.

Maître Jacques. Ah! il a tort.

Harpagon. N'est-ce pas une chose épouvantable, qu'un fils qui veut entrer en concurrence avec son père? et ne doit-il pas, par respect, s'abstenir de toucher à mes inclinations?

Maître Jacques. Vous avez raison. Laissez-moi lui parler, et demeurez là.

(*Il vient trouver Cléante à l'autre bout du théâtre.*)

Cléante. Hé bien! oui, puisqu'il veut te choisir pour juge, je n'y recule point; il ne m'importe qui ce soit, et je veux bien aussi me rapporter à toi, maître Jacques, de notre différend.

Maître Jacques. C'est beaucoup d'honneur que vous me faites

Cléante. Je suis épris d'une jeune personne qui répond à mes vœux, et reçoit tendrement les offres de ma foi; et mon père s'avise de venir troubler notre amour par la demande qu'il en fait faire.

Maître Jacques. Il a tort assurément.

Cléante. N'a-t-il point de honte, à son âge, de songer à se marier? lui sied-il bien d'être encore amoureux? et ne devroit-il pas laisser cette occupation aux jeunes gens?

Maître Jacques Vous avez raison, il se moque. Laissez-moi lui dire deux mots. (*Il revient à Harpagon.*) Hé bien! votre fils n'est pas si étrange que vous le dites, et il se met à la raison. Il dit qu'il sait le respect qu'il vous doit, qu'il ne s'est emporté que dans la première chaleur, et qu'il ne fera point refus de se soumettre à ce qu'il vous plaira, pourvu que vous vouliez le traiter mieux que vous ne faites, et lui donner quelque personne en mariage dont il ait lieu d'être content.

Harpagon Ah! dis-lui, maître Jacques, que moyennant cela, il pourra espérer toutes choses de moi; et que, hors Mariane, je lui laisse la liberté de choisir celle qu'il voudra.

Maître Jacques. Il va au fils. Laissez-moi faire Hé bien! votre père n'est pas si déraisonnable que vous le faites; et il m'a témoigné que ce sont vos emportements qui l'ont mis en colère; qu'il n'en veut seulement qu'à votre manière d'agir, et qu'il sera fort disposé à vous accorder ce que vous souhaitez, pourvu que vous vouliez vous y prendre par la douceur, et lui rendre les déférences, les respects, et les soumissions qu'un fils doit à son père.

Cléante. Ah! maître Jacques, tu lui peux assurer que, s'il m'accorde Mariane, il me verra toujours le plus soumis de tous les hommes; et que jamais je ne ferai aucune chose que par ses volontés.

Maître Jacques. Cela est fait. Il consent à ce que vous dites.

Harpagon. Voilà qui va le mieux du monde.

Maître Jacques. Tout est conclu Il est content de vos promesses.

Cléante. Le Ciel en soit loué!

Maître Jacques. Messieurs, vous n'avez qu'à parler ensemble: vous voilà d'accord maintenant; et vous alliez vous quereller, faute de vous entendre.

Cléante. Mon pauvre maître Jacques, je te serai obligé toute ma vie.

Maître Jacques. Il n'y a pas de quoi, Monsieur.

Harpagon. Tu m'as fait plaisir, maître Jacques, et cela mérite une récompense. Va, je m'en souviendrai, je t'assure. (*Il tire son mouchoir de sa poche, ce qui fait croire à maître Jacques qu'il va lui donner quelque chose.*)

Maître Jacques. Je vous baise les mains.

SCÈNE V

Cléante, Harpagon

Cléante. Je vous demande pardon, mon père, de l'emportement que j'ai fait paroitre.

Harpagon. Cela n'est rien.

Cléante. Je vous assure que j'en ai tous les regrets du monde.

Harpagon. Et moi, j'ai toutes les joies du monde de te voir raisonnable.

Cléante. Quelle bonté à vous d'oublier si vite ma faute!

Harpagon. On oublie aisément les fautes des enfants, lorsqu'ils rentrent dans leur devoir.

Cléante. Quoi? ne garder aucun ressentiment de toutes mes extravagances?

Harpagon. C'est une chose où tu m'obliges par la soumission et le respect où tu te ranges.

Cléante. Je vous promets, mon père, que, jusques au tombeau, je conserverai dans mon cœur le souvenir de vos bontés.

Harpagon. Et moi, je te promets qu'il n'y aura aucune chose que de moi tu n'obtiennes.

Cléante. Ah! mon père, je ne vous demande plus rien; et c'est m'avoir assez donné que de me donner Mariane.

Harpagon. Comment?

Cléante. Je dis, mon père, que je suis trop content de vous, et que je trouve toutes choses dans la bonté que vous avez de m'accorder Mariane?

Harpagon. Qui est-ce qui parle de t'accorder Mariane?

Cléante. Vous, mon père.

Harpagon. Moi?

Cléante. Sans doute.

Harpagon. Comment? C'est toi qui as promis d'y renoncer.

Cléante. Moi, y renoncer?

Harpagon. Oui.

Cléante. Point du tout.

Harpagon. Tu ne t'es pas départi d'y prétendre?

Cléante. Au contraire, j'y suis porté plus que jamais.

Harpagon. Quoi? pendard, derechef?

Cléante. Rien ne me peut changer.

Harpagon. Laisse-moi faire, traître.

Cléante. Faites tout ce qu'il vous plaira.

Harpagon. Je te défends de me jamais voir.

Cléante. A la bonne heure.

Harpagon. Je t'abandonne.

Cléante. Abandonnez.

Harpagon. Je te renonce pour mon fils.

Cléante. Soit.

Harpagon. Je te déshérite.

Cléante. Tout ce que vous voudrez.

Harpagon. Et je te donne ma malédiction.

Cléante. Je n'ai que faire de vos dons.

SCÈNE VI

La Flèche, Cléante

La Flèche, sortant du jardin, avec une cassette. Ah! Monsieur, que je vous trouve à propos! suivez-moi vite.

Cléante. Qu'y a-t-il?

La Flèche. Suivez-moi, vous dis-je: nous sommes bien.

Cléante. Comment?

La Flèche. Voici votre affaire.

Cléante. Quoi?

La Flèche. J'ai guigné ceci tout le jour.

Cléante. Qu'est-ce que c'est?

La Flèche. Le trésor de votre père, que j'ai attrapé.

Cléante. Comment as-tu fait?

La Flèche. Vous saurez tout. Sauvons-nous, je l'entends crier.

SCÈNE VII

Harpagon

Harpagon (Il crie au voleur dès le jardin, et vient sans chapeau). Au voleur! au voleur! à l'assassin! au meurtrier! Justice, juste Ciel! je suis perdu, je suis assassiné; on m'a coupé la gorge, on m'a dérobé mon argent. Qui peut-ce être? Qu'est-il devenu? Où est-il? Où se cache-t-il? Que ferai-je pour le trouver? Où courir? Où ne pas courir? N'est-il point là? N'est-il point ici? Qui est-ce? Arrête. Rends-moi mon argent, coquin.... *(Il se prend lui-même le bras.)* Ah! c'est moi. Mon esprit est troublé, et j'ignore où je suis, qui je suis, et ce que je fais. Hélas! mon pauvre argent, mon pauvre argent, mon cher ami; on m'a privé de toi; et puisque tu m'es enlevé, j'ai perdu mon support, ma consolation, ma joie; tout est fini pour moi, et je n'ai plus que faire au monde: sans toi, il m'est impossible de vivre. C'en est fait, je n'en puis plus; je me meurs, je suis mort, je suis enterré. N'y a-t-il personne qui veuille me ressusciter, en me rendant mon cher argent, ou en m'apprenant qui l'a pris? Euh? que dites-vous? Ce n'est personne. Il faut, qui que ce soit qui ait fait le coup, qu'avec beaucoup de soin on ait épié l'heure; et l'on a choisi justement le temps que je parlois à mon traître de fils. Sortons. Je veux aller querir la justice, et faire donner la question à toute la maison: à servantes, à valets, à fils, à fille, et à moi aussi. Que de gens assemblés! Je ne jette mes regards sur personne qui ne me donne des soupçons, et tout me semble mon voleur. Eh! de quoi est-ce qu'on parle là? De celui qui m'a dérobé? Quel bruit fait-on là-haut? Est-ce mon voleur qui y est? De grâce, si l'on sait des nouvelles de mon voleur, je supplie que l'on m'en dise. N'est-il point caché là parmi vous? Ils me regardent tous, et se mettent à rire. Vous verrez qu'ils ont part sans doute au vol que l'on m'a fait. Allons vite, des commissaires, des archers, des prévôts, des juges, des gênes, des potences et des bourreaux. Je veux faire pendre tout le monde, et si je ne retrouve mon argent, je me pendrai moi-même après.

ACTE V

SCÈNE PREMIÈRE

Harpagon, Le Commissaire, Son Clerc

Le Commissaire. Laissez-moi faire : je sais mon métier, Dieu merci. Ce n'est pas d'aujourd'hui que je me mêle de découvrir des vols ; et je voudrois avoir autant de sacs de mille francs que j'ai fait pendre de personnes.

Harpagon. Tous les magistrats sont intéressés à prendre cette affaire en main ; et si l'on ne me fait retrouver mon argent, je demanderai justice de la justice.

Le Commissaire. Il faut faire toutes les poursuites requises. Vous dites qu'il y avoit dans cette cassette . . . ?

Harpagon. Dix mille écus bien comptés.

Le Commissaire. Dix mille écus !

Harpagon. Dix mille écus.

Le Commissaire. Le vol est considérable.

Harpagon. Il n'y a point de supplice assez grand pour l'énormité de ce crime ; et s'il demeure impuni, les choses les plus sacrées ne sont plus en sûreté.

Le Commissaire. En quelles espèces étoit cette somme ?

Harpagon. En bons louis d'or et pistoles bien trébuchantes.

Le Commissaire. Qui soupçonnez-vous de ce vol ?

Harpagon. Tout le monde ; et je veux que vous arrêtiez prisonniers la ville et les faubourgs.

Le Commissaire. Il faut, si vous m'en croyez, n'effaroucher personne, et tâcher doucement d'attraper quelques preuves, afin de procéder après par la rigueur au recouvrement des deniers qui vous ont été pris.

SCÈNE II

Maître Jacques, Harpagon, Le Commissaire, Son Clerc

Maître Jacques, au bout du théâtre, en se retournant du côté dont il sort. Je m'en vais revenir. Qu'on me l'égorge tout à l'heure ; qu'on me lui fasse griller les pieds, qu'on me le mette dans l'eau bouillante, et qu'on me le pende au plancher.

Harpagon. Qui ? celui qui m'a dérobé ?

Maître Jacques. Je parle d'un cochon de lait que votre intendant me vient d'envoyer, et je veux vous l'accommoder à ma fantaisie.

Harpagon. Il n'est pas question de cela ; et voilà Monsieur, à qui il faut parler d'autre chose.

Le Commissaire. Ne vous épouvantez point. Je suis homme à ne vous point scandaliser, et les choses iront dans la douceur.

Maître Jacques. Monsieur est de votre soupé?

Le Commissaire. Il faut ici, mon cher ami, ne rien cacher à votre maître.

Maître Jacques. Ma foi! Monsieur, je montrerai tout ce que je sais faire, et je vous traiterai du mieux qu'il me sera possible.

Harpagon. Ce n'est pas là l'affaire.

Maître Jacques. Si je ne vous fais pas aussi bonne chère que je voudrois, c'est la faute de Monsieur notre intendant, qui m'a rogné les ailes avec les ciseaux de son économie.

Harpagon. Traître, il s'agit d'autre chose que de souper; et je veux que tu me dises des nouvelles de l'argent qu'on m'a pris.

Maître Jacques. On vous a pris de l'argent?

Harpagon. Oui, coquin; et je m'en vais te pendre, si tu ne me le rends.

Le Commissaire. Mon Dieu! ne le maltraitez point. Je vois à sa mine qu'il est honnête homme, et que sans se faire mettre en prison, il vous découvrira ce que vous voulez savoir. Oui, mon ami, si vous nous confessez la chose, il ne vous sera fait aucun mal, et vous serez récompensé comme il faut par votre maître. On lui a pris aujourd'hui son argent, et il n'est pas que vous ne sachiez quelques nouvelles de cette affaire.

Maître Jacques, à part. Voici justement ce qu'il me faut pour me venger de notre intendant: depuis qu'il est entré céans, il est le favori, on n'écoute que ses conseils; et j'ai aussi sur le cœur les coups de bâton de tantôt.

Harpagon. Qu'as-tu à ruminer?

Le Commissaire. Laissez-le faire: il se prépare à vous contenter, et je vous ai bien dit qu'il étoit honnête homme.

Maître Jacques. Monsieur, si vous voulez que je vous dise les choses, je crois que c'est Monsieur votre cher intendant qui a fait le coup.

Harpagon. Valère?

Maître Jacques. Oui.

Harpagon. Lui, qui me paroît si fidèle?

Maître Jacques. Lui-même. Je crois que c'est lui qui vous a dérobé.

Harpagon. Et sur quoi le crois-tu?

Maître Jacques. Sur quoi?

Harpagon. Oui.

Maître Jacques. Je le crois . . . sur ce que je le crois.

Le Commissaire. Mais il est nécessaire de dire les indices que vous avez.

Harpagon. L'as-tu vu rôder autour du lieu où j'avois mis mon argent?

Maître Jacques. Oui, vraiment. Où était-il votre argent?

Harpagon. Dans le jardin.

Maître Jacques. Justement: je l'ai vu rôder dans le jardin Et dans quoi est-ce que cet argent étoit?

Harpagon. Dans une cassette.

Maître Jacques. Voilà l'affaire: je lui ai vu une cassette.

Harpagon. Et cette cassette, comment est-elle faite? Je verrai bien si c'est la mienne.

Maître Jacques. Comment elle est faite?

Harpagon Oui

Maître Jacques. Elle est faite . . . elle est faite comme une cassette.

Le Commissaire. Cela s'entend. Mais dépeignez-la un peu, pour voir.

Maître Jacques. C'est une grande cassette.

Harpagon Celle qu'on m'a volée est petite.

Maître Jacques. Eh! oui, elle est petite, si on le veut prendre par là; mais je l'appelle grande pour ce qu'elle contient.

Le Commissaire. Et de quelle couleur est-elle?

Maître Jacques. De quelle couleur?

Le Commissaire. Oui.

Maître Jacques. Elle est de couleur . . là, d'une certaine couleur . . . Ne sauriez-vous m'aider à dire?

Harpagon. Euh?

Maître Jacques. N'est-elle pas rouge?

Harpagon. Non, grise.

Maître Jacques. Eh! oui, gris-rouge: c'est ce que je voulois dire.

Harpagon. Il n'y a point de doute: c'est elle assurément. Écrivez, Monsieur, écrivez sa déposition. Ciel! à qui désormais se fier? Il ne faut plus jurer de rien; et je crois après cela que je suis homme à me voler moi-même.

Maître Jacques. Monsieur, le voici qui revient. Ne lui allez pas dire au moins que c'est moi qui vous ai découvert cela.

SCÈNE III

Valère, Harpagon, Le Commissaire, Son Clerc, Maître Jacques

Harpagon. Approche: viens confesser l'action la plus noire, l'attentat le plus horrible qui jamais ait été commis.

Valère. Que voulez-vous, Monsieur?

Harpagon. Comment, traître, tu ne rougis pas de ton crime?

Valère. De quel crime voulez-vous donc parler?

Harpagon. De quel crime je veux parler, infâme? comme si tu ne savois pas ce que je veux dire. C'est en vain que tu prétendrois de le déguiser: l'affaire est découverte, et l'on vient de m'apprendre tout. Comment abuser ainsi de ma bonté, et s'introduire exprès chez moi pour me trahir? pour me jouer un tour de cette nature?

Valère. Monsieur, puisqu'on vous a découvert tout, je ne veux point chercher de détours et vous nier la chose.

Maître Jacques. Oh, oh! aurois-je deviné sans y penser?

Valère. C'étoit mon dessein de vous en parler, et je voulois attendre pour cela des conjonctures favorables; mais puisqu'il est ainsi, je vous conjure de ne vous point fâcher, et de vouloir entendre mes raisons.

Harpagon. Et quelles belles raisons peux-tu me donner, voleur infâme?

Valère. Ah! Monsieur, je n'ai pas mérité ces noms. Il est vrai que j'ai commis une offense envers vous; mais, après tout, ma faute est pardonnable.

Harpagon. Comment, pardonnable? Un guet-apens? un assassinat de la sorte?

Valère. De grâce, ne vous mettez point en colère. Quand vous m'aurez ouï, vous verrez que le mal n'est pas si grand que vous le faites.

Harpagon. Le mal n'est pas si grand que je le fais! Quoi? mon sang, mes entrailles, pendard?

Valère. Votre sang, Monsieur, n'est pas tombé dans de mauvaises mains. Je suis d'une condition à ne lui point faire de tort, et il n'y a rien en tout ceci que je ne puisse bien réparer.

Harpagon. C'est bien mon intention, et que tu me restitues ce que tu m'as ravi.

Valère. Votre honneur, Monsieur, sera pleinement satisfait.

Harpagon. Il n'est pas question d'honneur là dedans. Mais, dis-moi, qui t'a porté à cette action?

Valère. Hélas! me le demandez-vous?

Harpagon. Oui, vraiment, je te le demande.

Valère. Un dieu qui porte les excuses de tout ce qu'il fait faire: l'Amour.

Harpagon. L'Amour?

Valère. Oui.

Harpagon. Bel amour, bel amour, ma foi! l'amour de mes louis d'or.

Valère. Non, Monsieur, ce ne sont point vos richesses qui m'ont tenté ; ce n'est pas cela qui m'a ébloui, et je proteste de ne prétendre rien à tous vos biens, pourvu que vous me laissiez celui que j'ai.

Harpagon. Non ferai, de par tous les diables! je ne te le laisserai pas. Mais voyez quelle insolence de vouloir retenir le vol qu'il m'a fait!

Valère. Appelez-vous cela un vol?

Harpagon. Si je l'appelle un vol? Un trésor comme celui-là!

Valère. C'est un trésor, il est vrai, et le plus précieux que vous ayez sans doute ; mais ce ne sera pas le perdre que de me le laisser. Je vous le demande à genoux, ce trésor plein de charmes ; et pour bien faire, il faut que vous me l'accordiez.

Harpagon. Je n'en ferai rien. Qu'est-ce à dire cela?

Valère. Nous nous sommes promis une foi mutuelle, et avons fait serment de ne nous point abandonner.

Harpagon. Le serment est admirable, et la promesse plaisante!

Valère. Oui, nous nous sommes engagés d'être l'un à l'autre à jamais.

Harpagon. Je vous en empêcherai bien, je vous assure.

Valère. Rien que la mort ne nous peut séparer.

Harpagon. C'est être bien endiablé après mon argent.

Valère. Je vous ai déjà dit, Monsieur, que ce n'étoit point l'intérêt qui m'avoit poussé à faire ce que j'ai fait. Mon cœur n'a point agi par les ressorts que vous pensez, et un motif plus noble m'a inspiré cette résolution.

Harpagon. Vous verrez que c'est par charité chrétienne qu'il veut avoir mon bien; mais j'y donnerai bon ordre; et la justice, pendard effronté, me va faire raison de tout.

Valère. Vous en userez comme vous voudrez, et me voilà prêt à souffrir toutes les violences qu'il vous plaira; mais je vous prie de croire, au moins, que s'il y a du mal, ce n'est que moi qu'il en faut accuser, et que votre fille en tout ceci n'est aucunement coupable.

Harpagon. Je le crois bien, vraiment; il seroit fort étrange que ma fille eût trempé dans ce crime. Mais je veux ravoir mon affaire, et que tu me confesses en quel endroit tu me l'as enlevée.

Valère. Moi? je ne l'ai point enlevée, et elle est encore chez vous.

Harpagon. O ma chère cassette! Elle n'est point sortie de ma maison?

Valère. Non, Monsieur.

Harpagon. Hé! dis-moi donc un peu: tu n'y as point touché?

Valère. Moi, y toucher? Ah! vous lui faites tort, aussi bien qu'à moi; et c'est d'une ardeur toute pure et respectueuse que j'ai brûlé pour elle.

Harpagon. Brûlé pour ma cassette!

Valère. J'aimerois mieux mourir que de lui avoir fait paroître aucune pensée offensante : elle est trop sage et trop honnête pour cela.

Harpagon. Ma cassette honnête!

Valère. Tous mes désirs se sont bornés à jouir de sa vue; et rien de criminel n'a profané la passion que ses beaux yeux m'ont inspirée.

Harpagon. Les beaux yeux de ma cassette! Il parle d'elle comme un amant d'une maîtresse.

Valère. Dame Claude, Monsieur, sait la vérité de cette aventure, et elle vous peut rendre témoignage...

Harpagon. Quoi? ma servante est complice de l'affaire?

Valère. Oui, Monsieur, elle a été témoin de notre engagement, et c'est après avoir connu l'honnêteté de ma flamme, qu'elle m'a aidé à persuader votre fille de me donner sa foi, et recevoir la mienne.

Harpagon. Eh? Est-ce que la peur de la justice le fait extravaguer? Que nous brouilles-tu ici de ma fille?

Valère Je dis, Monsieur, que j'ai eu toutes les peines du monde à faire consentir sa pudeur à ce que vouloit mon amour

Harpagon. La pudeur de qui?

Valère. De votre fille; et c'est seulement depuis hier qu'elle a pu se résoudre à nous signer mutuellement une promesse de mariage.

Harpagon Ma fille t'a signé une promesse de mariage!

Valère. Oui, Monsieur, comme, de ma part, je lui en ai signé une.

Harpagon. O Ciel! autre disgrâce!

Maître Jacques. Écrivez, Monsieur, écrivez.

Harpagon. Rengrégement de mal! surcroît de désespoir! Allons, Monsieur, faites le dû de votre charge, et dressez-lui-moi son procès, comme larron, et comme suborneur.

Valère. Ce sont des noms qui ne me sont point dus; et quand on saura qui je suis . . .

SCÈNE IV

Élise, Mariane, Frosine, Harpagon, Valère, Maître Jacques, Le Commissaire, Son Clerc

Harpagon. Ah! fille scélérate! fille indigne d'un père comme moi! c'est ainsi que tu pratiques les leçons que je t'ai données? Tu te laisses prendre d'amour pour un voleur infâme, et tu lui engages ta foi sans mon consentement? Mais vous serez trompés l'un et l'autre. Quatre bonnes murailles me répondront de ta conduite; et une bonne potence me fera raison de ton audace.

Valère. Ce ne sera point votre passion qui jugera l'affaire; et l'on m'écoutera, au moins, avant que de me condamner.

Harpagon. Je me suis abusé de dire une potence, et tu seras roué tout vif.

Élise, à genoux devant son père. Ah! mon père, prenez des sentiments un peu plus humains, je vous prie. et n'allez point pousser les choses dans les dernières violences du pouvoir paternel. Ne vous laissez point entraîner aux premiers mouvements de votre passion, et donnez-vous le temps de considérer ce que vous voulez faire Prenez la peine de mieux voir celui dont vous vous offensez: il est tout autre que vos yeux ne le jugent, et vous trouverez moins étrange que je me sois donnée à lui, lorsque vous saurez que sans lui vous ne m'auriez plus il y a longtemps. Oui, mon père, c'est celui qui me sauva de ce grand péril que vous savez que je courus dans l'eau, et à qui vous devez la vie de cette même fille dont . . .

Harpagon. Tout cela n'est rien; et il valoit bien mieux pour moi qu'il te laissât noyer que de faire ce qu'il a fait.

Élise. Mon père, je vous conjure, par l'amour paternel, de me . . .

Harpagon Non, non, je ne veux rien entendre; et il faut que la justice fasse son devoir.

Maître Jacques. Tu me payeras mes coups de bâton.

Frosine. Voici un étrange embarras

SCÈNE V

Anselme, Harpagon, Élise, Mariane, Frosine, Valère, Maître Jacques, Le Commissaire, Son Clerc

Anselme. Qu'est-ce, Seigneur Harpagon? je vous vois tout ému

Harpagon. Ah! Seigneur Anselme, vous me voyez le plus infortuné de tous les hommes; et voici bien du trouble et du désordre au contrat que vous venez faire! On m'assassine dans le bien, on m'assassine dans l'honneur; et voilà un traître, un scélérat, qui a violé tous les droits les plus saints, qui s'est coulé chez moi sous le titre de domestique, pour me dérober mon argent et pour me suborner ma fille.

Valère Qui songe à votre argent, dont vous me faites un galimatias?

Harpagon. Oui, ils se sont donné l'un et l'autre une promesse de mariage. Cet affront vous regarde, Seigneur Anselme, et c'est vous qui devez vous rendre partie contre lui, et faire toutes les poursuites de la justice, pour vous venger de son insolence.

Anselme. Ce n'est pas mon dessein de me faire épouser par force, et de rien prétendre à un cœur qui se seroit donné, mais pour vos intérêts, je suis prêt à les embrasser ainsi que les miens propres

Harpagon Voilà Monsieur qui est un honnête commissaire, qui n'oubliera rien, à ce qu'il m'a dit, de la fonction de son office. Chargez-le comme il faut, Monsieur, et rendez les choses bien criminelles.

Valère Je ne vois pas quel crime on me peut faire de la passion que j'ai pour votre fille, et le supplice où vous croyez que je puisse être condamné pour notre engagement, lorsqu'on saura ce que je suis . . .

Harpagon. Je me moque de tous ces contes ; et le monde aujourd'hui n'est plein que de ces larrons de noblesse, que de ces imposteurs, qui tirent avantage de leur obscurité, et s'habillent insolemment du premier nom illustre qu'ils s'avisent de prendre

Valère. Sachez que j'ai le cœur trop bon pour me parer de quelque chose qui ne soit point à moi, et que tout Naples peut rendre témoignage de ma naissance

Anselme. Tout beau ! prenez garde à ce que vous allez dire. Vous risquez ici plus que vous ne pensez, et vous parlez devant un homme à qui tout Naples est connu, et qui peut aisément voir clair dans l'histoire que vous ferez.

Valère, en mettant fièrement son chapeau Je ne suis point homme à rien craindre, et si Naples vous est connu, vous savez qui étoit Dom Thomas d'Alburcy.

Anselme. Sans doute, je le sais ; et peu de gens l'ont connu mieux que moi

Harpagon. Je ne me soucie ni de Dom Thomas ni de Dom Martin

Anselme De grâce, laissez-le parler, nous verrons ce qu'il en veut dire.

Valère. Je veux dire que c'est lui qui m'a donné le jour.

Anselme. Lui ?

Valère. Oui.

Anselme. Allez; vous vous moquez. Cherchez quelque autre histoire, qui vous puisse mieux réussir, et ne prétendez pas vous sauver sous cette imposture.

Valère. Songez à mieux parler. Ce n'est point une imposture; et je n'avance rien qu'il ne me soit aisé de justifier.

Anselme. Quoi? vous osez vous dire fils de Dom Thomas d'Alburcy?

Valère. Oui, je l'ose, et je suis prêt de soutenir cette vérité contre qui que ce soit.

Anselme. L'audace est merveilleuse. Apprenez, pour vous confondre, qu'il y a seize ans pour le moins que l'homme dont vous nous parlez périt sur mer avec ses enfants et sa femme, en voulant dérober leur vie aux cruelles persécutions qui ont accompagné les désordres de Naples, et qui en firent exiler plusieurs nobles familles.

Valère. Oui; mais apprenez, pour vous confondre, vous, que son fils, âgé de sept ans, avec un domestique, fut sauvé de ce naufrage par un vaisseau espagnol, et que ce fils sauvé est celui qui vous parle, apprenez que le capitaine de ce vaisseau, touché de ma fortune, prit amitié pour moi; qu'il me fit élever comme son propre fils, et que les armes furent mon emploi dès que je m'en trouvai capable; que j'ai su depuis peu que mon père n'étoit point mort, comme je l'avois toujours cru ; que passant ici pour l'aller chercher, une aventure, par le Ciel concertée, me fit voir la charmante Élise ; que cette vue me rendit esclave de ses beautés ; et que la violence de mon amour, et les sévérités de son père, me firent prendre la résolution de m'introduire dans son logis, et d'envoyer un autre à la quête de mes parents.

Anselme. Mais quels témoignages encore, autres que vos paroles, nous peuvent assurer que ce ne soit point une fable que vous ayez bâtie sur une vérité ?

Valère. Le capitaine espagnol ; un cachet de rubis qui étoit à mon père ; un bracelet d'agate que ma mère m'avoit mis au bras ; le vieux Pedro, ce domestique qui se sauva avec moi du naufrage.

Mariane. Hélas ! à vos paroles je puis ici répondre, moi, que vous n'imposez point ; et tout ce que vous dites me fait connoître clairement que vous êtes mon frère.

Valère. Vous, ma sœur ?

Mariane. Oui. Mon cœur s'est ému dès le moment que vous avez ouvert la bouche ; et notre mère, que vous allez ravir, m'a mille fois entretenue des disgrâces de notre famille. Le Ciel ne nous fit point aussi périr dans ce triste naufrage ; mais il ne nous sauva la vie que par la perte de notre liberté, et ce furent des corsaires qui nous recueillirent, ma mère et moi, sur un débris de notre vaisseau. Après dix ans d'esclavage, une heureuse fortune nous rendit notre liberté, et nous retournâmes dans Naples, où nous trouvâmes tout notre bien vendu sans y pouvoir trouver des nouvelles de notre père. Nous passâmes à Gênes, où ma mère alla ramasser quelques malheureux restes d'une succession qu'on avoit déchirée; et de là, fuyant la barbare injustice de ses parents, elle vint en ces lieux, où elle n'a presque vécu que d'une vie languissante.

Anselme. O Ciel! quels sont les traits de ta puissance! et que tu fais bien voir qu'il n'appartient qu'à toi de faire des miracles! Embrassez-moi, mes enfants, et mêlez tous deux vos transports à ceux de votre père.

Valère. Vous êtes notre père?

Mariane. C'est vous que ma mère a tant pleuré?

Anselme. Oui, ma fille, oui, mon fils, je suis Dom Thomas d'Alburcy, que le Ciel garantit des ondes avec tout l'argent qu'il portoit, et qui vous ayant tous crus morts durant plus de seize ans, se préparoit, après de longs voyages, à chercher dans l'hymen d'une douce et sage personne la consolation de quelque nouvelle famille. Le peu de sûreté que j'ai vu pour ma vie à retourner à Naples, m'a fait y renoncer pour toujours; et ayant su trouver moyen d'y faire vendre ce que j'avois, je me suis habitué ici, où, sous le nom d'Anselme, j'ai voulu m'éloigner les chagrins de cet autre nom qui m'a causé tant de traverses.

Harpagon. C'est là votre fils?

Anselme. Oui.

Harpagon. Je vous prends à partie, pour me payer dix mille écus qu'il m'a volés.

Anselme. Lui, vous avoir volé?

Harpagon. Lui-même.

Valère. Qui vous dit cela?

Harpagon. Maître Jacques.

Valère. C'est toi qui le dis?

Maître Jacques. Vous voyez que je ne dis rien.

Harpagon. Oui: voilà Monsieur le Commissaire qui a reçu sa déposition.

Valère. Pouvez-vous me croire capable d'une action si lâche?

Harpagon. Capable ou non capable, je veux ravoir mon argent.

SCÈNE VI

Cléante, Valère, Mariane, Élise, Frosine, Harpagon, Anselme, Maître Jacques, La Flèche, Le Commissaire, Son Clerc

Cléante. Ne vous tourmentez point, mon père, et n'accusez personne. J'ai découvert des nouvelles de votre affaire, et je viens ici pour vous dire que, si vous voulez vous résoudre à me laisser épouser Mariane, votre argent vous sera rendu.

Harpagon. Où est-il?

Cléante. Ne vous en mettez point en peine : il est en lieu dont je réponds, et tout ne dépend que de moi. C'est à vous de me dire à quoi vous vous déterminez ; et vous pouvez choisir, ou de me donner Mariane, ou de perdre votre cassette

Harpagon. N'en a-t-on rien ôté?

Cléante. Rien du tout. Voyez si c'est votre dessein de souscrire à ce mariage, et de joindre votre consentement à celui de sa mère, qui lui laisse la liberté de faire un choix entre nous deux.

Mariane. Mais vous ne savez pas que ce n'est pas assez que ce consentement, et que le Ciel, avec un frère que vous voyez, vient de me rendre un père dont vous avez à m'obtenir.

Anselme. Le Ciel, mes enfants, ne me redonne

point à vous pour être contraire à vos vœux. Seigneur Harpagon, vous jugez bien que le choix d'une jeune personne tombera sur le fils plutôt que sur le père. Allons, ne vous faites point dire ce qu'il n'est pas nécessaire d'entendre, et consentez ainsi que moi à ce double hyménée.

Harpagon. Il faut, pour me donner conseil, que je voie ma cassette.

Cléante. Vous la verrez saine et entière.

Harpagon. Je n'ai point d'argent à donner en mariage à mes enfants.

Anselme. Hé bien! j'en ai pour eux; que cela ne vous inquiète point.

Harpagon. Vous obligerez-vous à faire tous les frais de ces deux mariages?

Anselme. Oui, je m'y oblige; êtes-vous satisfait?

Harpagon. Oui, pourvu que pour les noces vous me fassiez faire un habit.

Anselme. D'accord. Allons jouir de l'allégresse que cet heureux jour nous présente.

Le Commissaire. Holà! Messieurs, holà! tout doucement, s'il vous plaît; qui me payera mes écritures?

Harpagon. Nous n'avons que faire de vos écritures.

Le Commissaire. Oui! mais je ne prétends pas, moi, les avoir faites pour rien.

Harpagon. Pour votre payement, voilà un homme que je vous donne à pendre.

Maître Jacques. Hélas! comment faut-il donc faire? On me donne des coups de bâton pour dire vrai, et on me veut pendre pour mentir.

Anselme. Seigneur Harpagon, il faut lui pardonner cette imposture.

Harpagon. Vous payerez donc le Commissaire?

Anselme. Soit. Allons vite faire part de notre joie à votre mère.

Harpagon. Et moi, voir ma chère cassette.